JN068859

国鉄優等列車列伝　第2巻
153系電車が走った東海道電車急行

寺本 光照 著

403M　名古屋発大阪行き急行「比叡２号」153系電車10連　柏原～近江長岡　1972. 1. 23　　撮影：野口昭雄

伊吹山とその麓を行く東海道新幹線を見ながら、急行「比叡」が大阪へ急ぐ。当時の「比叡」はかつての勢いこそ薄れたが、名阪間で４往復が設定され、編成はサロ165とサハシ153を挿入した153系10両だった。東京～大阪間急行「なにわ」が活躍していた数年ほど前のように、(サロ＋サハシ)×2を据えた豪華編成ではないが、営業休止中とはいえサハシ連結の編成には、往年の東海道急行の名残が感じられた。しかし、この編成も３月15日に予定されるダイヤ改正では、減車によりこの区間では見納めになる。

.....Contents

第1章
東京～大阪間の電車急行の歴史

01 東海道線全通から終戦までの急行列車 ………… 6
02 東京～大阪間に客車急行「なにわ」登場 …………11
03 東京～大阪間に電車急行運転開始……………………17
04 東京～大阪間の電車急行黄金時代……………………23
05 新幹線開業後の東京～大阪間電車急行 …………31
06 東京～大阪間急行用153系の残像 …………………35

第2章
東海道と山陽路を走り抜けた153系電車急行の記録

なにわ …………………… 44
せっつ …………………… 54
金星 …………………… 74
六甲 …………………… 80
いこま …………………… 88
よど …………………… 98
宮島 …………………… 114
比叡 …………………… 126
伊吹 …………………… 138
ながと …………………… 142
関門 …………………… 147
山陽 …………………… 150
安芸 …………………… 158

151 系、153 系電車、80 系気動車ほか　向日町運転所　1965. 6. 5　撮影：野口昭雄

向日町運転所で仕業を待つ優等列車用車両群。写真左から山陽特急用151系、名阪急行「比叡」用153系、九州特急「みどり」用キハ80系、そして山陽急行「関門」用153系の勢揃い。151系は半年前までは東京〜大阪間で活躍し、「関門」用153系は写真撮影時も「なにわ」「六甲」「いこま」「よど」の列車名で東京へ通っていた。そうした豪華車両群の集う構内通路を、特急「みどり」に乗務すると思われる白い服装の車掌が横切る。当時は特急ともなると数名の車掌が乗務しており、そのうちの何名かは車両基地から乗り込んでいた。夏の暑い中、スーツ着用は見かけとは異なり苦痛だと思われるが、優等列車の品のあるスタイルや凛とした乗務員は、旅客にとって最大の信頼を置ける鉄道の姿でもあった。

はじめに

21世紀も5分の1以上が過ぎた現在、東京圏と京阪神の鉄道旅客輸送は東海道新幹線の独壇場であり、在来の東海道本線となると『時刻表』でも全区間を通過する列車は寝台電車特急の「サンライズ瀬戸・サンライズ出雲」のみ。それ以外に東京～三島、富士～静岡、名古屋～神戸間に電車特急が入るものの、通勤形電車が行き交う巨大な都市間連絡線といった感じで、特にJR西日本地域では愛称である「JR京都線」や「JR神戸線」「琵琶湖線」が定着しており、東海道本線の名は忘れられた存在になっているのが実情である。

しかし、東海道新幹線東京～新大阪間が開業する今から57年以上も前は、東海道本線が東京～大阪間を結ぶ旅客を昼夜行ともほぼ独占しており、昼間のスターが「こだま」をはじめとする151系電車特急なら、夜の部は「銀河」など寝台急行が王座にあった。また、当時の優等列車は現在のように特急一択ではなく、特急・急行・準急の3種別から成っていた。これは、スピード・設備など、快適性の代償として支払う料金の違いによる区別だが、それとは別に特急と急行・準急とでは、利用客層にも違いがあった。これについては、本文でも触れるが、当時の特急は門地や社会的地位などにより、「選ばれた人たち」だけが利用を許される列車という不文律のようなものがあり、そのため、庶民層は東京～関西間を優等列車で旅行する場合はこぞって急行を利用した。

本書では庶民層の一人である筆者の乗車体験も踏まえ、そうした東京～関西間急行の歴史を、おもに1960年以降の電車列車にスポットを当て記述することにする。現在でいう普通車(1960年6月30日まで、3等車、以後2等車) はもちろん、グリーン車(同2等車、以後1等車)ですら冷房のない車内。普通車は現在では稀少となった対面式の計4人掛けクロスシートで、多客時には座席奪い合いの揉め事やデッキや通路での“立席承知”は当然の全席自由席、編成唯一の冷房設備を持ち、軽食のほか寿司も摘まめるビュフェなど、若年層の読者の方々には想像もできないが、こうした列車に当時の人々は7時間以上をかけ、東京～大阪間を移動したのである。現在の新幹線電車とはスピードや快適面で比較にならないほどの大差があり、列車内で事務仕事などしようにもできないが、その分景色を眺めたり、合席の人と会話を楽しんだりして、楽しい時を過ごすこともできた。

そうした悲喜こもごもの想いを乗せた東京～大阪間電車急行のほか、本書では類似した編成の車両を使用する名古屋～大阪間や関西～山陽間電車急行、それに同時期に活躍した東京～名古屋間電車急行や修学旅行電車も取り上げた。読者の方には1960年代の電車急行に対するご理解と愛情を深めていただければ幸いである。

なお、本書刊行に際し、貴重な写真をご提供くださった大津宏・荻原二郎・辻阪昭浩・野口昭雄・林嶢の各氏には、厚くお礼を申し上げます。

2021年11月
寺本光照

第1章
東京〜大阪間の電車急行の歴史

サロ 152 とサハシ 153　森ノ宮電車区　1961. 2　撮影：野口昭雄

東京〜大阪間急行「なにわ」の電車化と「せっつ」のグレードアップのため、車両メーカーから留置先の森ノ宮電車区に搬入されたリクライニングシート装備の 1 等車サロ 152 とビュフェ付き 2 等車サハシ 153。それまで準急用だった東海形 153 系電車は急行用に発展する。特にサロ 152 は急行用にふさわしく、従来の 153 系各形式とは一線を画したスタイルの車両だった。

01 東海道線全通から終戦までの急行列車

01-1 鉄道建設は官営一本から、官民並立へ

今回のタイトルでもある電車急行は、記すまでもなく忽然と東海道本線上に現れたものではない。それ以前に東京（新橋）〜大阪（神戸）間では系譜の有無は別にして、昼行の急行が運転されていたので、その歴史から話を進めたい。

まず、わが国最初の鉄道は今さら記すべくもないが、1872（明治5）年9月12日（太陽暦10月14日）に開通した新橋（のちの汐留）〜横浜（現桜木町）間と、そのすぐ後を追うように1874（明治7）年5月11日に開通した大阪〜神戸間である。

1867（慶応3）年の大政奉還を受けて成立した明治政府は、日本と欧米列強との国力の差を実感し、天皇を中心とした中央集権国家の構築と富国強兵を目指す。鉄道の導入もその一環で、東京〜京都間を東西幹線とし、それに接続し、港湾を直結する東京〜横浜間、京都〜神戸間、長浜〜敦賀間を支線として建設。その後も官営により全国に鉄道網を延伸させる予定であった。このうち、新橋〜横浜間と大阪〜神戸間が早期に建設されたのは、当時から沿線人口が多く利用客が見込めることや、その成果や反省点を、以後の鉄道建設や車両新製に生かすことができるのが大きかった。

肝心の東西幹線は当初、中山道に沿った形で建設が予定されるが、急勾配区間を抱えていて開通までに時間がかかることなどで、東海道経由に変更される。さらに西南戦争の影響で、政府の財政が逼迫したことで、政府内に民間資本を投入する動きが生まれたほか、投資対象として各地に鉄道会社設立が出願されたこともあり、現在の東北本線は日本鉄道、山陽本線は山陽鉄道により建設される。わが国の鉄道創業期は官民並立時代だったわけである。

01-2 新橋〜神戸間に急行登場

東海道経由の東西幹線（通称東海道線）は琵琶湖・米原周辺の建設を最後に、1889（明治22）年7月1日に新橋〜神戸間の全通を迎える。それに際し、同区間を下り20時間05分、上り20時間10分で結び、途中区間が夜行となる列車が運転される。同時に全区間が昼行の列車も設定されるが、所要時間との関係で新橋〜京都間が精一杯だった。これらの長距離列車は一部の小駅を通過したものの、急行ではなく、直行と呼ばれた。しかし、鉄道未開業時代には徒歩で2週間以上を要した東京〜神戸間を、列車では丸一昼夜以内で結ぶのだから、鉄道は沿線の人々にとっては、まさに革命的な乗り物であった。

その東海道線に、官設鉄道としては初の長距離急行が運転されるのは、それから7年を経た1896（明治29）年9月1日のことである。同日の改正で新橋〜神戸間4往復の長距離列車のうち、唯一全区間昼行の99・110レ（註：レは列車の意味、以下同じ）の停車駅を20に絞ったうえ、40マイル（64.4㎞）未満の利用は不可の制限を設けることにより、急行の種別に位置付けたのである。時刻は、

99レ　新橋発　6:00→名古屋発16:55→大阪発22:35→神戸着23:22

110レ　神戸発　6:00→大阪発6:53→名古屋発12:27→新橋着23:09

である。ただし、料金はそれより前の1894（明治27）年10月に登場した、山陽鉄道神戸〜広島間急行への対抗からか、不要とされた。現在風にいえば長距離の快速列車である。急行99・110レの編成は、各等（上等・中等・下等）の座席車と郵便車からなるボギー車を主体とした8両で、東海道線の列車として

は標準のスタイルといえた。しかし、上・中・下等の3種別制は身分制度の名残が露骨過ぎるのか、ほどなく1・2・3等制に改称された。

01-3 新橋～神戸間急行、昼・夜行で2往復に増強

官設鉄道横浜駅は、開業当時そのままで行き止り式の構造だったため、新橋から東海道線を程ヶ谷（現保土ヶ谷）以西に向かう列車はスイッチバックを余儀なくされた。そこで、こうした不便を解消しスピードアップを実施するため、神奈川～程ヶ谷間の軍事線を改良し、急行や長距離列車用に使用する。これに伴う1898（明治31）年8月1日改正では、急行107・106レ（旧99・110レ）の対をなす夜行急行として117・118レが設定される。両列車の時刻は、

107レ　新橋発　6:20→名古屋発16:35→大阪発22:00→神戸着22:47

106レ　神戸発　6:00→大阪発6:52→名古屋発12:26→新橋着22:31

117レ　新橋発　18:00→名古屋発 4:26→大阪発10:30→神戸着11:19

118レ　神戸発　18:00→大阪発18:57→名古屋発0:46→新橋着11:23

とされる。この東海道線での急行2往復体制は、官民並立時代の最後まで続く。

この間、1900（明治33）年10月から、夜行急行に4人用コンパートメントが5室並ぶ1等寝台車が、1901（明治34）年12月からは2等車と合造の食堂車が昼夜行の両急行に連結され、編成にも豪華さが加わる。しかし、1等寝台車は特権階級の乗り物そのもので、食堂車も実質的に1・2等客のための設備だった。3等車となると固定クロスシートやベンチに近い転換式の座席は、シートピッチが狭く背すりも低い板張りなので、起終点間ともなると乗り通すのも大変だった。なお、食堂車は勾配区間を抱える国府津～沼津間と馬場（現膳所）～京都間では、牽引定数確保のため編成から外される。蒸気機関車の馬力不足が理由だが、20世紀初頭ののんびりした時代だった。

01-4 東海道急行3往復に料金制度を適用

わが国は19世紀終盤から20世紀初頭にかけて2度の対外戦争を行なう。記すまでもなく1894（明治27）年から翌年にわたる日清戦争と、1904（明治37）年から翌年にかけての日露戦争である。この両戦争では広島が兵站基地になったことで、1894年8月の日清戦争開戦直前の6月に、神戸～広島間が開通したばかりの山陽鉄道は、軍事輸送に鉄道の能力を遺憾なく発揮。日露戦争中は官鉄東海道線と山陽鉄道とで、軍用列車の運転を主とした「特別運行」が実施され、1905（明治38）年8月からの一時期に官民の垣根を越えて、新橋～下関間を直通する1等寝台車連結の急行も運転される。

日露戦争で日本は軍事的に勝利し、念願にしていた列強への仲間入りを果たす。しかし、今後の近代戦における軍事輸送を想定すると、その重要な役割を担う鉄道が官営と私鉄に分割経営されていることは、有事の際に障害になるという、軍部の強い意向もあり、1906（明治39）年3月31日に鉄道国有法が成立。全国の幹線系私鉄17社が買収の対象となり、翌年10月1日には全社の国有化が完成する。

その間に日露戦争「凱旋」ダイヤと銘打った1906年4月16日に実施された改正では、東京～神戸間急行は3往復に増発され、特に昼行の1・2レは「最急行」と呼ばれ、官鉄としては初の3軸ボギー車を使用した1・2等座席車と洋食堂車、それに郵便・荷物車からなる4両編成で運転。夜行の2往復は1等寝台車と洋食堂車を連結した1・2等専用の3・4レと、和食堂車以外は3等座席車からなる5・6レが設定される。夜行急行は東西両京を結ぶ利用客が多いため、この改正で1・2等客と3等客とを分離した形となった。洋食堂車でコース料理も用意され、「世界の強国」の一員であるプライドを感じさせる一方、和食堂車は窓側のカウンターに椅子がずらりと並ぶレイアウトで、いかにも3等客相手の庶民派食堂車らしく、一汁

一菜や焼き魚といった料理がメインだったようだ。

この改正から急行には急行列車券が発売され、JR時代の現在にまでいたる優等列車の根幹が確立される。急行料金は150マイル未満が2等60銭・3等30銭、150マイル以上は2等1円・3等60銭とされる。当時の「旅行案内」で新橋から150マイル付近になるのは掛川なので、現在のレートでは、3等急行券は掛川まで600円、以遠は1200円となる。定期の急行が運転されていない現在では比較しにくいが、特急B料金の自由席よりは格段に安い値段である。急行3往復の時刻は、

1レ　新橋発　8:00→名古屋発16:26→大阪発20:56→神戸着21:40

2レ　神戸発　8:00→大阪発8:53→名古屋発13:22→新橋着21:40

3レ　新橋発　18:30→名古屋発 3:22→大阪発8:14→神戸着9:00

4レ　神戸発　18:30→大阪発19:24→名古屋発0:07→新橋着9:00

5レ　新橋発　19:30→名古屋発 5:15→大阪発10:35→神戸着11:20

6レ　神戸発　19:30→大阪発20:28→名古屋発1:48→新橋着11:18

である。

ところで、経由地から東海道線と通称されていた東西幹線は、旧街道沿いでない地域を走る米原〜草津間では湖東線とも呼ばれたりしていたが、東西幹線を含め何れも通名であり、正式な名称ではなかった。そこで、国有化も落ち着いた1909(明治42)年10月12日に、国鉄の線路名称が定められ、新橋〜神戸間は東海道本線に呼称が統一される。JR化後30年以上を経た現在にいたるまで、慣れ親しんでいる線路名も、この時に決定したもので100年以上の歴史を持つのである。

01-5 特急新設による東海道昼行急行の動向

鉄道国有化から5年近くを経た1912(明治45)年6月15日、「最急行」1・2レが下関まで延長のうえ、特急に格上げされる。もちろんわが国では最初の「特別急行列車」で、これにより急行は「普通急行列車」に名称変更されるとともに、特急料金の新設と急行料金の値段変更が実施される。特急1・2レは下関で関釜航路に接続し、釜山からは朝鮮総監府鉄道と南満州鉄道を経てヨーロッパを結ぶ国際列車としての位置付けで、寝台車を含む新製車による1・2等編成の最後尾には1等展望車が連結され、座席も全車指定制がとられた。この特急1・2レは東海道本線内が旧「最急行」同様、昼間の時間帯を走るため、山陽本線内は夜行のダイヤになる。

しかし、この改正では「最急行」に替わる東海道本線新橋〜大阪(神戸)間完結の急行は設定されなかったため、本書の執筆対象となる昼行急行は一先ず姿を消す。東海道特急や夜行急行の変遷を追うのも興味があるが、それについては別の機会に譲りたい。

そうした昼行急行だが、10年以上を経た1926(大正15)年8月15日改正で、2・3等和食堂車連結の9・10レとして東京〜大阪間に復活する。時刻は、

9レ　東京発　7:30→名古屋発15:11→大阪着18:50

10レ 大阪発　7:30→名古屋発11:12→東京着18:40

である。それまで、東海道本線では昼間時間帯の優等列車は特急だけだったので、利用客からの強い要望に押されるように新設されたのである。特に3等旅客にとっては昼間の急行に乗車できるのは20年ぶりのことだった。

その少し前の1922(大正11)年3月15日に、急行は地方幹線にも進出し、1923(大正12)年7月1日には、東京〜下関間で旅客車は3等だけで組成された特急3・4レが姿を見せる。機関車の性能向上や空気ブレーキ使用により、列車もスピードアップされていた。

だが、東海道本線では特急の時間帯を走る9・10レは、今度は、夜行列車は特急2往復しかない大阪〜下関間から延長要望が出されるようになり、1929(昭和4)年9月15日改正では不定期ながら下関延長となる。この改正で東京〜下関間特急1・2レに「富士」、3・4レに「櫻」の列車名が命名された。

01-6 戦局の悪化に伴い、東海道昼行急行は終戦年に廃止

1930(昭和5)年10月1日改正では、“超特急”と呼ばれた東京～神戸間特急「燕」が、同区間を9時間で結び、鉄道スピード史上に金字塔を打ち立てるが、急行では9・10レが正式に東京～下関間運転とされ、2等寝台車が連結された分、座席車が減らされる結果になる。そこで、東海道区間での混雑緩和策として、不定期急行1009・1010レが東京～大阪間に新設される。時刻は、

1009レ　東京発　9:45→名古屋発17:03→大阪着20;30

1010レ　大阪発　9:35→名古屋発13:15→東京着20:10

で、下りは東京を9レより15分、上りは大阪を10レより10分先行するダイヤだった。しかし、この列車も丹那トンネル開通の1934(昭和9)年12月1日改正で、全区間不定期ながら下関まで延長される。

こうして、東海道本線内完結の昼行急行は特急格上げや、区間延長による発展的解消を繰り返すが、1939(昭和14)年11月15日改正で、1021・1022レとして三たび東京～大阪間に姿を現す。当時、わが国は日中戦争に突入していたが、国内的には軍需産業で経済は活気づき、中国大陸との往来客の増加もあり、国鉄も輸送力増強を求められていた。時刻は、

1021レ　東京発　13:35→名古屋発19:44→大阪着22:50

1022レ　大阪発　13:30→名古屋発16:52→東京着22:55

で、東海道沿線の諸都市に出張したビジネス客の東京・大阪への帰社または帰宅に利用された列車で、到達時分の9時間15分も戦前としては最速で、当然のことのように2等車と和食堂車も連結していた。

この1021・1022レは関門トンネル開通に伴う1942(昭和17)年11月15日改正でも105・106レとしてほぼ同じ時刻のまま存続するが、前年12月に開戦した太平洋戦争の局面は悪化へと転換しており、翌1943(昭和18)年10月1日改正では、貨物輸送優先のため、優等列車の削減とスピードダウンは免れず、列車番号も同改正で廃止された特急「燕」の101・102レに改番のうえ、次の時刻になる。

101レ　東京発　9:00→名古屋発15:59→大阪着19:41

102レ　大阪発　10:00→名古屋発13:57→東京着20:51

そして、1944(昭和19)年になると、空爆も始まり、もはや戦局の帰趨は明らかになる。国鉄も優等列車の体裁には構っておられず、4月1日からは1等車・寝台車・食堂車の連結が廃止される。そうした中にあっても、同年10月11日改正で残された東海道・山陽(一部九州直通)優等列車のうち、東京始終着の6往復の中に101・102レが含まれ、

101レ　東京発　9:30→名古屋発16:29→大阪着20:47

102レ　大阪発　8:30→名古屋発12:29→東京着19:21

の時刻で存続した。

だが、東海道完結昼行急行の頑張りもここまでで、鉄道施設の損耗や老朽化により、列車削減やスピードダウンが実施された1945(昭和20)年1月25日改正では、さしもの101・102レは廃止されてしまう。半年余りを経過した8月15日、日本の無条件降伏により、1937(昭和12)年7月7日の盧溝橋事件以来8年余りにわたって続いた戦争が終結を迎える。

なお、第1章の補足資料として、東海道線全通から第二次世界大戦終結までの略年表を(表―1)として掲げるので、参照されたい。

表-1　東海道本線略年表(全通～第二次世界大戦終結)

西暦	(和暦)	月日	おもな出来事
1889	(明治22)	7. 1	馬場(現膳所) ～米原～長岡(現近江長岡) ～深谷分岐点および米原～長浜間開業により、通称東海道線新橋～神戸間全通
1894	(明治27)	6.10	山陽鉄道糸崎～広島間開業により神戸～広島間全通
		8. 1	日清戦争開戦
		10.10	山陽鉄道神戸～広島間直通3列車中1往復を急行(料金不要)として運転(長距離急行のはじまり)
1896	(明治29)	9. 1	東海道線新橋～神戸間に急行1往復運転
1897	(明治30)	11.‥	官営鉄道の客車等級を上・中・下等から1・2・3等制に変更
1898	(明治31)	4.‥	東海道線急行の1・2等車にストーン式電灯を設置
1899	(明治32)	5.25	山陽鉄道京都～三田尻(現防府)間急行1往復に1等食堂合造車を連結(食堂車のはじめ)
		10.15	東海道線関ヶ原～長岡間に現柏原経由の新線開業
		12.28	東海道線関ヶ原～深谷(貨) ～長浜間およびに深谷(貨) ～長岡間廃止
1900	(明治33)	4. 8	山陽鉄道京都～三田尻(現防府)間急行1往復に、1等寝台食堂合造車を連結(食堂車のはじめ)
		12. 1	東海道線客車に蒸気暖房を設置
1902	(明治35)	7.‥	東海道線列車に連結中の寝台車と食堂車に電気扇風機を設置
1904	(明治37)	2.10	日露戦争開戦
1906	(明治39)	3.31	鉄道国有法公布。日本鉄道・山陽鉄道を含む私鉄17社の買収を指定
		12. 1	山陽鉄道が国有化される
1907	(明治40)	3.16	新橋～下関間に直通急行設定
		10. 1	関西鉄道、参宮鉄道の買収により鉄道国有化完成
		11. 1	鉄道国有化により、旅客運賃を改正。買収会社線における各種の賃率を統一し、全線に適用
1909	(明治42)	6.15	東海道線は富士川・安倍川などの長大橋梁部分を除き、全線複線化完成
		10.12	国有鉄道の線路名称制定により、新橋～神戸間が東海道本線になる
1909	(明治45)	6.15	新橋～下関間に特急1・2レ設定(1等展望車、1・2等寝台車、洋食堂車連結)
1913	(大正 2)	8. 1	東海道本線天竜川橋梁竣工により、全線複線化完成
1914	(大正 3)	12.20	東京駅が開業し、東海道本線の起点とする。新橋を汐留、烏森を新橋に改称
		12.20	東京～高島町間に電車運転開始
1915	(大正 4)	8.15	東海道本線横浜新駅(2代)開業。高島町駅を統合。従来の横浜駅を桜木町に改称
1919	(大正 8)	10. 1	1等客車は主要幹線急行と長距離普通列車の一部を除き連結を廃止
1920	(大正 9)	8.15	3等客車内における軽便枕の賃貸営業認可
1921	(大正10)	8. 1	新逢坂山トンネルと東山トンネルの竣工により東海道本線大津(現膳所) ～京都間、および奈良線京都～桃山間線路変更工事完成
1923	(大正12)	7. 1	新橋～下関間に特急3・4レ設定(和食堂車連結、座席は3等のみ)
		9. 1	関東大震災により鉄道大被害。東京～御殿場間など不通(19.28に仮復旧)
1925	(大正14)	7. 1	機関車・客車・貨車の自動連結器取替え工事着手。一部を除き7.20までに完了
1925	(大正14)	12.13	東海道本線東京～国府津間、横須賀線大船～横須賀間で電気機関車牽引運転実施
1926	(大正15)	1.29	熱海線国府津～小田原間で電気運転開始
		8.15	3等客車内における軽便枕の賃貸営業を廃止
1928	(昭和 3)	2.25	熱海線小田原～熱海間で電気運転開始
		10.15	東海道本線神奈川～保土ヶ谷間に新線開業。横浜駅(3代)を新線上に移転。在来線と神奈川駅を廃止
1929	(昭和 4)	9.15	東京～下関間特急1・2レに「富士」、3・4レに「櫻」の列車名命名(列車愛称のはじめ)
1930	(昭和 5)	10. 1	東京～神戸間に特急「燕」設定(1等展望車、洋食堂車連結)所要9時間
1931	(昭和 6)	2. 1	東京～神戸間急行2往復に3等寝台車連結(3等寝台車のはじめ)
1934	(昭和 9)	9.20	東海道・山陽本線吹田～須磨間で電車運転開始
		12. 1	丹那トンネル(7804m)竣工で熱海～沼津間開業。熱海線を東海道本線に編入。国府津～沼津間の在来線を御殿場線に改称。ダイヤ改正で「燕」は東京～神戸間を8時間37分(東京～大阪間8時間)に短縮。「富士」を各等に、「櫻」を2・3等列車に変更
1937	(昭和12)	7. 1	東京～神戸間に特急「鷗」設定(各等、洋食堂車連結)所要8時間57分。東京口の定期特急は4往復になる
		7. 7	盧溝橋事件勃発。日中戦争、太平洋戦争へと拡大
1937	(昭和12)	10.10	東海道本線京都～吹田間電化により、電車運転を京都～明石間に延長
1941	(昭和16)	7.16	3等寝台車の連結廃止
		12.8	太平洋戦争開戦
1942	(昭和17)	6 11	下関～門司間海底トンネル工事並びに電化工事竣工
		11.15	関門トンネル開通によるダイヤ改正で東京～九州間に直通列車運転開始
1943	(昭和18)	10. 1	貨物輸送主体の決戦ダイヤ実施により、特急「燕」廃止
1944	(昭和19)	4. 1	特急「富士」廃止により、特急全廃。1等車・寝台車・食堂車が国鉄線上から姿を消す
		10.11	ダイヤ改正で、急行は全国で8往復だけが存続
		10.11	東海道本線南荒尾(信) ～新垂井～関ヶ原間の下り線開通
1945	(昭和20)	3.10	東京大空襲
		3.20	空襲の激化により、急行は東京～下関間1往復だけが存続
		4. 1	米軍沖縄に上陸
		8. 6	広島に原子爆弾投下。9日には長崎に原子爆弾投下
		8.15	第二次世界大戦終結。運輸省に復興運輸本部を設置

本文を補足する資料として制度や線路の変更、著名列車の動向など必要最小限を記載

02 東京〜大阪間客車急行「なにわ」登場

02-1 敗戦による混乱の中も走り続けた日本の鉄道

戦争の終結により、日本ではアメリカをはじめとする連合国総司令部（GHQ）による間接統治が開始され、当然ながら鉄道もその管理下に置かれた。

わが国の鉄道は、終戦当日も稼働が可能な路線では運転が実施されていたものの、機関車・電車・客車を合わせると4000両近くにのぼる車両が、大戦中に大小の被害を受けていた。しかし、敗戦直後の混乱期であっても、連合国軍は日本占領に当たり国・私鉄から約2000両もの車両を接収する。国内の飛行場や港に到着した兵士を各地の基地に輸送するほか、高官や高級将校の視察旅行、一般将校の公務出張や国内旅行、基地間の荷物輸送などに使用するのが目的だったが、将校ならびにその家族以上が利用するとなると、優等車両が必要なため、1944（昭和19）年の連結廃止後は疎開中だった皇室用御料車（2両のみ）や展望車をはじめ、寝台車と食堂車、それに2・3等の座席車や貨車まで、約2000両がその対象になった。これらは、すべて状態が良好な車両だっただけに、連合国軍からの命令とはいえ、国・私鉄にとっては何とも痛い敗戦の代償だった。

こうした中にあっても国民の生産活動は可能なため、鉄道は一日たりとも休むことは許されなかった。それどころか、戦争の終結に伴い国鉄は外地からの復員や引揚輸送を担当するほか、普通列車は通勤・通学のほか、食料を求めての買い出し客で殺到するため、ただでさえ戦時中の酷使で疲弊きっている車両を休ませるわけにもいかず、貨車を客車代用に駆り出す有様だった。

終戦日を挟んでの優等列車は、前述の東京〜下関間急行1・2レだけが頑張っていたが、平和な世が戻ってきたことで、敗戦から3ヵ月後の1945（昭和20）年11月20日にはダイヤ改正が実施され、東海道・山陽線に6往復（うち不定期2往復）のほか、上野〜青森／新潟間と函館〜旭川間にも急行が復活する。この改正では、東京〜大阪間に101・102レが1944（昭和19）年10月改正時と同一時刻で運転される。時刻の掲示については省略させていただく。

02-2 石炭不足で一時は急行列車全廃

鉄道界にもわずかながら復旧の兆しが感じられた1945（昭和20）年11月改正だったが、その直後に蒸気機関車の動力源となる石炭不足により、12月15日から年末にかけて3次にわたり列車削減が実施される。運転が優先的に継続されたのは通勤・通学列車であるため、急行は軒並みに運休となり、列車距離は終戦時を下回るありさまだった。この石炭事情は1946（昭和21）年になっても、好転と悪化を繰り返す。

こうした中、同年の冬が間近な11月10日には石炭事情悪化への対処と、優等列車としての準急新設を2本柱にするダイヤ改正が実施される。要するに幹線急行のうち何本かを計画運休が可能な列車として設定したことと、戦前に運転されていた地方幹線の急行の一部を復活させるに当たり、車両やスピード面で急行料金を徴収するのは難しいので、1ランク安い料金で乗車できる準急行を制度化したわけである。ともあれ、準急登場で優等列車運転のハードルが低くなったことで、以後は戦前に急行運転がなかった路線や区間に準急が設定されるわけである。こうした1946年11月改正だが、東京〜大阪間急行101・102レは計画運休列車に格下げされることもなく、廃止されてしまった。

だが、国鉄のこうした努力もむなしく、同年冬の石炭不足はさらに深刻で、ついに年が明けた1947

(昭和22) 年1月4日、鉄道国有化が実施されて以来初となる急行と2等車連結の廃止が実施される。東海道・山陽線では長距離客の便宜を確保するため、東京～博多、同～門司間に2往復の普通列車(一部区間は快速)が運転されたが、どの列車も東京～門司間を走破するのに30時間以上を要していた。

国鉄の日本人向け列車がこうした汲々とした運転をするのを尻目に、東京～九州間で2往復の定期運転を実施している連合国軍専用列車(駐留軍専用列車や、塗装から白帯列車ともいう)は、1・2等寝台車に食堂車を連ねた豪華編成で悠然と走っていた。食堂車では連合国軍の基地から供給される食材を使用した最上の料理が振る舞われ、"別の世界の列車"そのものだった。

02-3 スピードダウンながらも急行・準急が復活

だが、国民や鉄道界にとってこのような屈辱的な状況も、1947 (昭和22) 年の春を迎える頃からは石炭事情の好転とともに解消され、4月24日には東京～門司間で2往復、6月29日以後は東海道・山陽線以外に東北・奥羽・上越・日本海縦貫・函館の各線で急行が復活。準急も戦前には優等列車のなかった中央西線や四国に新設される。また、敗戦後は冬になると悩みの種だった石炭不足も、以後は安定供給に向かう。その後、1952 (昭和27) 年11月から12月にかけての日本炭鉱労働組合 (炭労) のストライキにより、全国で列車削減された時期があったが、石炭事情による列車運転への影響は、筆者が把握している限りではこれだけである。

1948 (昭和23) 年7月1日には、戦後としては初の全国ダイヤ改正が実施される。経済活動の活発化で急行・準急の増発や牽引定数の向上が実施されたが、鉄道インフラ整備の遅れもあり、全体として優等列車のスピードダウンは免れなかった。したがって準急の増発はその裏返しでもあった。この改正で東京始終着の東海道・山陽線優等列車は不定期を含めると9往復までに復旧し、東京～大阪間では不定期の下り片道ながら昼行準急2033レが運転される。時刻は

2033レ 東京発 6:00→名古屋発13:55→大阪発19:04

で、夫婦列車というべき2034レは同区間の不定期夜行準急としての設定だった。2033レは終戦前後の時期に運転された急行101レより、所要が2時間近くも遅いため、さすがに急行での運転とはいかなかった。もっとも、同改正では、2033レに先行する鹿児島行き急行1レの東京～大阪間所要も11時間47分だった。

改正後の11月10日から戦後初の新製寝台車であるマイネ40が東京～大阪間急行に連結され、日本人向け列車に寝台車が復活。12月中には東京～九州間や上野～青森、函館～札幌間急行の編成にも組み込まれた。このマイネ40は連合国軍用に発注されたが、キャンセルとなり、国鉄が外国人観光用を名目に受け入れた車両である。導入当時は特別寝台車の扱いだったが、翌1949 (昭和24) 年5月から1等寝台車に変更された。

02-4 特急が復活するも東海道完結昼行急行の空白続く

戦後の世も4年目を迎えると、世の中が落ち着きを取り戻し、鉄道は施設・車両とも復旧が進み、国鉄部内外でも特急復活の気運が高まる。国営事業から公社として再発足した国鉄にとっても、ぜひとも復活を成功させたいところだった。しかし、特急の顔である1等展望車と食堂車は連合国軍用として使用されているため、新特急用の展望車は、戦時中に事故等の休車で接収を免れた車両を整備して使用。食堂車は戦時中に3等車に改造された車両のうち、食堂車への早期復元が可能な車両を改造して充てるという、苦心が払われた。

これにより、戦後初の特急は「へいわ」の列車名で1949 (昭和24) 年9月15日から東京～大阪間で運転を開始。同区間を9時間で結んだ。同日には夜行

急行15・16レにも「銀河」が命名されるなど、国鉄としては復興と再発足の意気込みを示すダイヤ改正といえた。だが、改正前唯一の東京～大阪間完結昼行優等列車である不定期準急2023レは、特急新設の陰に隠れるように姿を消す。

これにより、昼間の東京～大阪間での完結優等列車は1950(昭和25)年1月に「へいわ」から改称された「つばめ」と、同年5月に増発された「はと」の特急2往復だけで、急行での東海道本線内昼行輸送は、九州行き急行が兼任する時代が7年以上にわたり続いた。これは、当時沖縄を除く九州各県から要望の強い東京始終着急行を運転する場合、東海道本線内を昼行とするのが、設定するうえで容易なのが理由だった。

こうした事情で、東京～大阪間完結の昼行急行は一時期消滅するが、1950年代前半から半ばにかけて

時刻表①　東京～大阪間急行列車・時刻の変遷 (1)　1950(昭和25)年10月1日

列車番号		31	1	33	3	35	11	13	37	39	15
種別		急行	特急	急行	特急	急行	急行	急行	急行	急行	急行
列車名		阿蘇	つばめ	きりしま	はと	雲仙	明星	銀河	筑紫		彗星
連結車種		イネ	イテ・シ	イネ・シ	イテ・シ			イネ・ロネ	シ		イネ・ロネ
東京	発	8 00	9 00	10 00	12 30	13 00	19 30	20 30	21 00	21 30	22 30
横浜	〃	8 33	9 26	10 33	12 56	13 33	20 03	21 05	21 33	22 03	23 03
小田原	〃	9 27	↓	11 25	↓	14 25	20 58	22 08	22 28	22 58	23 58
熱海	〃	9 52	↓	11 48	14 01	14 50	21 23	22 33	22 53	23 23	0 23
沼津	〃	10 24	10 48	12 15	↓	15 15	21 51	23 01	23 21	23 51	0 51
静岡	〃	11 18	↓	13 08	15 02	16 09	22 53	23 58	0 17	0 48	1 52
浜松	〃	12 40	12 36	14 20	16 07	17 19	0 14	1 25	1 44	2 15	3 20
豊橋	〃	13 15	↓	14 57	↓	17 55	0 55	↓	↓	↓	4 03
名古屋	着	14 24	14 01	16 10	17 32	19 05	2 07	3 24	3 43	4 13	5 18
	発	14 30	14 04	16 20	17 35	19 10	2 20	3 30	3 50	4 20	5 25
岐阜	〃	15 03	14 30	16 54	↓	19 43	2 58	4 08	4 28	4 58	6 03
米原	〃	16 11	15 23	18 05	18 53	20 56	4 20	5 30	5 50	6 20	7 19
京都	着	17 18	16 21	19 32	19 51	22 03	5 30	6 45	7 04	7 35	8 35
大阪	〃	18 03	17 00	20 22	20 30	22 52	6 26	7 32	7 52	8 22	9 24
終着		熊本		鹿児島		長崎		神戸	博多	広島	
		10 33		18 00		17 05		8 25	21 05	16 13	
						佐世保				宇野	
						15 55				13 10	
記事		筑豊線経由				大村線経由				※東京～岡山間併結	

列車番号		36	34	2	32	4	12	40	14	38	16
種別		急行	急行	特急	急行	特急	急行	急行	急行	急行	急行
列車名		雲仙	きりしま	つばめ	阿蘇	はと	明星		銀河	筑紫	彗星
連結車種			イネ・シ	イテ・シ	イネ	イテ・シ			イネ・ロネ	シ	イネ・ロネ
始発		長崎	鹿児島		熊本			広島	神戸	博多	
		12 30	10 30		18 00			12 40	20 05	9 00	
		佐世保						宇野			
		13 38						16 03			
大阪	発	6 10	8 40	9 00	10 05	12 30	20 00	20 35	21 00	21 40	22 00
京都	〃	7 00	9 27	9 36	10 54	13 06	20 47	21 25	21 47	22 30	22 57
米原	〃	8 22	10 57	10 37	12 13	14 07	22 20	22 46	23 16	23 50	0 16
岐阜	〃	9 18	11 53	11 23	13 09	↓	23 22	23 47	0 17	0 52	↓
名古屋	着	9 51	12 25	11 50	13 42	15 19	23 55	0 23	0 49	1 29	1 53
	発	10 00	12 30	11 53	13 50	15 22	24 00	0 30	0 55	1 40	2 00
豊橋	〃	11 11	13 44	↓	15 01	↓	1 22	↓	↓	3 02	↓
浜松	〃	11 53	14 25	13 22	15 41	16 51	2 12	2 36	3 05	3 49	4 10
静岡	〃	13 01	15 34	↓	16 48	17 52	3 33	3 49	4 32	5 04	5 27
沼津	〃	13 59	16 26	15 05	17 45	↓	4 29	4 44	5 32	5 59	6 29
熱海	〃	14 22	16 52	↓	18 12	18 54	4 55	5 10	5 55	6 25	6 55
小田原	〃	14 46	17 16	↓	18 39	↓	5 24	5 40	6 24	6 54	7 24
横浜	着	15 49	18 19	16 31	19 34	20 01	6 34	6 49	7 34	8 04	8 34
東京	〃	16 23	18 55	17 00	20 08	20 30	7 08	7 25	8 08	8 38	9 08
記事		大村線経由			筑豊線経由			※岡山～東京間併結			

東京～大阪間を走行する定期列車のみ掲載。斜数字は普通列車区間の時刻
連結車種欄　イネ=1等寝台車、ロネ=2等寝台車、イテ=1等展望車、シ=食堂車
　　　　　　2等並びに3等座席車だけで組成される列車は省略
「つばめ」「はと」「銀河」を除く列車は1950.11.8から列車名を付けて運転開始
※　東京～広島間編成は呉線経由

の時期はわが国の戦後復興が目ざましく、東海道本線にも多くの優等列車が設定される。そこで説明の都合上、戦後初の白紙ダイヤ改正が実施され、特急の東京～大阪間所要が8時間に復した1950（昭和25）年10月1日と、同区間の定期優等列車の本数が戦前最盛時（1941年2月）に並んだ1954（昭和29）年10月1日の両改正の時刻を、それぞれ時刻表—①、②として掲げさせていただく。1950年10月には「阿蘇」「きりしま」「雲仙」の3往復だけだった東海道内昼行急行が、1954年10月には「げんかい・たかちほ」と「西海」が加わって5往復になり、東京からは日着が可能な京阪神はもとより、九州各県都にも翌日の無理がない時間に到着できるダイヤが組まれていることが分かる。

東海道本線では、このほかに準急・普通列車や足の遅い貨物列車も運転されているため、特急以外の

時刻表②　東京～大阪間急行列車・時刻の変遷 (2)1954（昭和29）年10月1日

列車番号	1	31	33	1001	3	35	37	11	1005	13	21	39	15	17	23
種別	特急	急行	急行	急行	特急	急行	急行	急行	急行	急行	急行	急行	急行	急行	急行
列車名	つばめ	阿蘇	げんかい・たかちほ	西海	はと	きりしま	雲仙	明星	早鞆	銀河	安芸	筑紫	彗星	月光	せと・いずも
連結車種	イテ・シ	シ	シ	イネ・ロネ・シ	イテ・シ	イネ・ロネ・シ	ロネ・シ		イネ・ロネ・シ	イネ・ロネ	ロネ	イネ・シ	イネ・ロネ	イネ・ロネ	
東京 発	9 00	9 30	10 00	10 30	12 30	12 35	13 00	19 30	20 15	20 30	21 00	21 30	22 00	22 15	22 30
横浜 〃	9 27	10 03	10 33	11 10	12 56	13 07	13 33	20 03	21 00	21 05	21 33	22 04	22 34	22 49	23 03
小田原 〃	↓	10 56	11 26	12 03	↓	13 59	14 26	20 58	↓	22 08	22 30	22 59	23 30	23 44	23 58
熱海 〃	↓	11 20	11 53	12 27	14 03	14 23	14 51	21 22	↓	22 33	22 54	23 24	23 54	0 08	0 23
沼津 〃	10 51	11 49	12 19	12 53	↓	14 50	15 16	21 50	22 40	23 01	23 22	23 52	0 20	0 36	0 51
静岡 〃	↓	12 41	13 11	13 43	15 06	15 40	16 11	22 52	23 40	23 58	0 18	0 48	1 19	1 33	1 52
浜松 〃	12 37	13 55	14 22	14 54	↓	16 53	17 21	0 14	1 02	1 25	1 44	2 15	2 46	3 00	3 20
豊橋 〃	↓	14 29	14 56	15 28	16 35	17 27	17 54	0 54	↓	↓	↓	↓	↓	↓	4 00
名古屋 着	14 00	15 34	16 03	16 40	17 30	18 33	19 02	2 05	2 50	3 21	3 41	4 13	4 37	4 52	5 13
名古屋 発	14 05	15 40	16 10	16 50	17 35	18 40	19 10	2 15	3 05	3 30	3 50	4 20	4 45	5 00	5 20
岐阜 〃	14 31	16 12	16 43	17 26	↓	19 13	19 43	2 48	3 42	4 05	4 25	4 55	5 23	5 37	5 58
米原 〃	15 25	17 25	17 55	18 40	18 54	20 23	20 54	4 18	4 58	5 22	5 45	6 15	6 39	7 00	7 21
京都 着	16 21	18 45	19 21	19 58	19 51	21 31	22 07	5 30	6 07	6 45	7 07	7 35	8 02	8 24	8 42
大阪 〃	17 00	19 31	20 16	20 47	20 30	22 16	22 50	6 26	6 56	7 36	7 56	8 30	8 51	9 16	9 30
終着		熊本	博多	佐世保		鹿児島	長崎		博多	神戸	広島	鹿児島			宇野
		11 14	9 00	13 00		18 18	15 55		20 30	8 25	15 25	5 48			13 45
			都城												大社
			16 41												18 35
記事		筑豊線経由	東京～門司間併結						呉線経由		呉線経由				東京～大阪間併結

列車番号	38	36	1002	2	34	32	4	1005	24	12	40	14	16	22	18
種別	急行	急行	急行	特急	急行	急行	特急	急行	急行	急行	急行	急行	急行	急行	急行
列車名	雲仙	きりしま	西海	つばめ	げんかい・たかちほ	阿蘇	はと	早鞆	せと・いずも	明星	筑紫	銀河	彗星	安芸	月光
連結車種	ロネ・シ	イネ・ロネ・シ	イネ・ロネ・シ	イテ・シ	シ	シ	イテ・シ	イネ・ロネ・シ			イネ・シ	イネ・ロネ	イネ・ロネ	ロネ	イネ・ロネ
始発	長崎	鹿児島	佐世保		博多	熊本		博多	宇野		鹿児島	神戸		広島	
	13 50	11 38	16 30		20 55	18 30		6 00	15 33		23 30	20 10		14 30	
					都城				大社						
					13 15				10 40						
大阪 発	6 10	7 42	8 42	9 00	9 42	10 02	12 30	19 30	19 52	20 10	20 40	21 00	21 30	21 40	22 00
京都 〃	7 00	8 26	9 29	9 37	10 26	10 54	13 07	20 19	20 42	20 58	21 26	21 45	22 20	22 34	22 57
米原 〃	8 23	9 43	10 52	10 38	11 43	12 16	14 08	21 53	22 10	22 25	22 50	23 15	23 44	23 55	0 18
岐阜 〃	9 18	10 38	11 49	11 24	12 38	13 11	↓	22 56	23 15	23 26	23 52	0 17	0 45	1 00	↓
名古屋 着	9 51	11 09	12 19	11 50	13 09	13 42	15 18	23 27	23 49	0 02	0 24	0 48	1 24	1 36	1 53
名古屋 発	10 00	11 15	12 27	11 55	13 15	13 50	15 23	23 40	23 55	0 10	0 30	1 00	1 30	1 45	2 00
豊橋 〃	11 00	12 21	13 29	↓	14 20	14 55	16 18	↓	↓	1 25	↓	↓	↓	↓	3 21
浜松 〃	11 43	13 00	14 05	13 20	14 57	15 34	↓	1 48	2 00	2 11	2 36	2 58	3 32	3 45	4 10
静岡 〃	12 52	14 09	15 13	↓	16 05	16 46	17 50	3 10	3 25	3 36	3 50	4 27	4 59	5 12	5 41
沼津 〃	13 49	15 10	16 02	15 07	16 59	17 41	↓	4 13	4 22	4 29	4 50	5 24	6 06	6 22	6 50
熱海 〃	14 12	15 34	16 24	↓	17 21	18 06	18 54	↓	4 45	4 55	5 13	5 47	6 37	6 51	7 15
小田原 〃	14 36	15 59	16 47	↓	17 47	18 31	↓	↓	5 12	5 24	5 40	6 13	7 08	7 22	7 41
横浜 着	15 41	17 03	17 43	16 31	18 38	19 34	20 01	5 55	6 10	6 34	6 49	7 17	8 17	8 32	8 49
東京 〃	16 15	17 37	18 25	17 00	19 12	20 08	20 30	6 40	6 50	7 08	7 23	7 53	8 54	9 08	9 24
記事					門司～東京間併結	筑豊線経由		呉線経由	大阪～東京間併結					呉線経由	

東京～大阪間を走行する定期列車のみ掲載。
連結車種欄　イネ=1等寝台車、ロネ=2等寝台車、イテ=1等展望車、シ=食堂車　2等並びに3等座席車だけで組成される列車は省略

東海道本線内完結優等列車の設定は困難だったのである。そのため、東京〜大阪間を昼行急行で移動する旅客から最も人気があった列車は、東京を最も早い時刻に発つ下り「阿蘇」だった。

大阪発はといえば、特に利用が偏る列車はなく、旧連合国軍専用列車の流れを汲み、乗車しにくい雰囲気が漂う「西海」を除けば旅客が分散し、目的地の時刻を考慮しながら選んでいたようだ。九州からの急行は大阪でもかなりの下車があるが、家族連れやグループでの利用客からは1ボックスを確保するのが難しいうえに、列車は夜を通してやってくるため、車内は座席下にごみが散らかっているほか、空気も煙草やアルコールの臭いで澱んでいるため、嫌われていた。そのため、関西地区としては、戦前から終戦直後の一時期に設定されていた東京〜大阪間急行の復活が要望されていたのである。

02-5 せっかくの東海道急行「なにわ」は車両面が不評

わが国の生産指数は、戦前の1934(昭和9)〜1936(昭和11)年平均を100とすると、終戦直後の1946(昭和21)年8月には39.2に転落したが、1951(昭和26)年頃には早くも戦前の数字を取り戻し、その後は上昇の一途を辿り1957(昭和32)年末には250以上の指数を示すにいたった。その間1956(昭和31)年の「経済白書」に記された「もはや戦後でない」の言葉は当時の流行語となるが、同年11月19日に完成した東海道本線全線電化は、そうした国威を発揚させる出来事でもあった。

同日に実施された戦後2度目の白紙ダイヤ改正では、全国的に優等列車増発とスピードアップが実施され、その主役はもちろん東海道本線だった。全線電化により、特急の東京〜大阪間所要が8時間から7時間30分に22年ぶりに更新されるほか、東京〜博多間に戦後としては初の夜行時間帯を走る特急「あさかぜ」、そして東京〜大阪間にも待望久しい昼行急行の「なにわ」が登場する。

「なにわ」の新設はもちろん白紙改正による賜物で、時刻表−③に示すように、下りは九州行き急行群の先鋒、上りは東京行き急行群のしんがりを受け持つダイヤになる。下りの東京発時刻は改正前の「阿蘇」と同一なので、「阿蘇」から大阪までの旅客を分離するのが狙いであり、上りは「はと」の後を追って大阪を発車することにより、昼行急行利用の選択肢を広げるなど、意義の大きい列車設定だった。「なにわ」の編成については昼行列車と言ってしまえばそれまでだが、次のように郵便・荷物車を除くと、2等車が2両、3等車が9両、それに食堂車の12両になる。

起終点間が電化区間なので、EF58がスハ43系を主体とした車両群を牽引したが、当初は3等車部分が広島客車区の担当で、京都〜広島間の夜行準急「ななうら」と共通運用のため、客用扉や窓周りには煤が見られるなど、車両面での評判はよくなかった。

そうしたこともあってか、翌1957(昭和32)年10月1日改正では①〜⑫号車が宮原客車区持ちに変更され、“なにわ専用編成”として運用される。停車駅が多いこともあり、スピード的には速い列車とはいえなかったが、東海道本線内完結列車であることや、特急より安い値段で昼間の東京〜大阪間を利用できることで、運転当初から高い乗車率を誇った。

急行なにわ（1956.11.19 現在）

← 11レ　大阪行き　　12レ　東京行き →

		①	②	③	④	⑤	⑥	⑦	⑧	⑨	⑩	⑪	⑫
荷物	郵便	特別2等	自2等	食堂	自3等	自3等	自3等	自3等	自3等	自3等	自3等	自3等	自3等
		スロ60	オロ40	マシ29	スハフ42	スハ43	スハ43	スハ43	スハ43	スハフ42	スハ43	スハ43	スハフ42

時刻表③　東京～大阪間急行列車・時刻の変遷 (3)　1956(昭和31)年11月19日

列車番号		1	11	31	33	35	3	37	39	7	13	41	21	15	23	17	43	25
種別		特急	急行	急行	急行	急行	特急	急行	急行	特急	急行	急行	急行	急行	急行	急行	急行	急行
列車名		つばめ	なにわ	阿蘇	西海	高千穂	はと	霧島	雲仙	あさかぜ	明星	筑紫	安芸	銀河	瀬戸	月光	さつま	出雲
連結車種		イテ・シ	シ	Cロネ・ハネ・シ	ABCロネ・ハネ・シ	Cロネ・ハネ・シ	イテ・シ	Cロネ・ハネ・シ	ABCロネ・ハネ・シ	ABCロネ・ハネ・シ	BCロネ・ハネ	ACロネ・ハネ・シ	Cロネ・ハネ	ABCロネ・ハネ	ハネ	ABCロネ・ハネ	ABCロネ・ハネ・シ	BCロネ・ハネ
東京	発	9 00	9 30	10 00	10 30	11 00	12 30	13 00	13 30	18 30	20 00	20 30	20 45	21 00	21 15	21 30	21 45	22 15
横浜	〃	9 25	10 03	10 33	11 03	11 33	12 55	13 32	14 03	18 55	20 34	21 03	21 18	21 34	21 48	22 03	22 19	22 48
小田原	〃	↓	10 54	11 24	11 54	12 24	↓	14 23	14 54	↓	21 35	22 05	22 230	22 35	22 50	23 05	23 17	23 48
熱海	〃	↓	11 19	11 48	12 18	12 47	13 59	14 46	15 17	20 00	22 02	22 32	22 47	23 02	23 17	23 32	23 47	0 16
沼津	〃	10 40	11 40	12 12	12 42	13 11	↓	15 09	15 41	↓	22 28	22 58	23 13	23 28	23 43	23 58	0 13	0 45
静岡	〃	↓	12 40	13 05	13 37	14 04	15 00	15 57	16 35	21 01	23 35	23 59	0 15	0 30	0 45	1 00	1 13	1 48
浜松	〃	12 30	13 51	14 15	14 50	15 19	↓	17 06	17 45	↓	1 00	1 25	1 42	1 55	2 10	2 25	2 45	3 20
豊橋	〃	↓	14 22	14 49	15 26	15 54	16 29	17 39	18 16	↓	1 40	↓	↓	↓	2 50	↓	↓	↓
名古屋	着	13 51	15 29	15 52	16 34	16 56	17 23	19 02	19 20	23 21	2 49	3 20	3 35	3 47	4 02	4 23	4 44	5 20
	発	13 55	15 35	16 00	16 40	17 05	17 28	18 38	19 25	23 25	3 00	3 25	3 40	3 55	4 10	4 30	4 50	5 25
岐阜	〃	14 20	16 03	16 31	17 09	17 36	↓	18 45	19 54	↓	3 31	4 01	4 12	4 30	4 44	5 04	5 25	6 01
米原	〃	↓	16 57	17 26	18 03	18 37	↓	20 10	20 49	↓	4 35	5 03	5 13	5 34	5 49	6 12	6 32	7 08
京都	着	15 52	18 05	18 24	19 02	19 43	19 22	21 05	21 45	1 19	5 41	6 14	6 24	6 43	7 04	7 24	7 36	8 25
大阪	〃	16 30	18 56	19 10	19 50	20 28	20 00	21 50	22 30	2 00	6 30	7 00	7 08	7 28	7 50	8 10	8 26	9 16
終着				熊本	佐世保	西鹿児島		鹿児島	長崎	博多		博多	広島	神戸	宇野		鹿児島	大社
				10 35	11 07	18 28		17 10	14 38	11 55		19 45	14 40	8 20	12 03		5 46	18 25
																		浜田
																		20 07
記事				筑豊線経由		日豊線経由							呉線経由					福知山線経由

列車番号		8	40	38	36	2	34	32	4	12	44	26	24	42	14	22	16	18
種別		特急	急行	急行	急行	特急	急行	急行	特急	急行	急行	急行	急行	急行	急行	急行	急行	急行
列車名		あさかぜ	雲仙	霧島	高千穂	つばめ	西海	阿蘇	はと	なにわ	さつま	出雲	瀬戸	筑紫	明星	安芸	銀河	月光
連結車種		ABCロネ・ハネ・シ	ABCロネ・ハネ・シ	Cロネ・ハネ・シ	Cロネ・ハネ・シ	イテ・シ	ABCロネ・ハネ・シ	Cロネ・ハネ・シ	イテ・シ	シ	ABCロネ・ハネ・シ	BCロネ・ハネ	ハネ	ACロネ・ハネ・シ	BCロネ・ハネ	Cロネ・ハネ	ABCロネ・ハネ	ABCロネ・ハネ
始発		博多	長崎	鹿児島	西鹿児島		佐世保	熊本			鹿児島	大社	宇野	博多		広島	神戸	
		16 35	14 30	12 50	10 50		18 15	18 40			23 30	11 10	16 15	8 30		14 35	21 10	
												浜田						
												9 25						
大阪	発	2 29	6 22	8 02	8 42	9 00	9 22	10 02	12 30	12 50	19 52	20 30	20 42	21 12	21 30	21 12	22 00	22 30
京都	〃	3 10	7 14	8 45	9 30	9 37	10 05	10 46	13 07	13 35	20 44	21 15	21 32	21 55	22 15	21 55	22 52	23 18
米原	〃	↓	8 15	9 51	10 43	↓	11 18	11 56	↓	14 37	22 00	22 35	22 54	23 19	23 30	23 19	0 06	0 40
岐阜	〃	↓	9 09	10 39	11 33	11 08	12 06	12 45	↓	15 26	22 52	23 31	23 49	0 17	0 31	0 17	1 06	↓
名古屋	着	5 03	9 42	11 08	12 03	11 33	12 35	13 14	15 00	15 56	23 24	0 03	0 23	0 55	1 05	0 55	1 40	2 10
	発	5 07	9 50	11 20	12 10	11 37	12 40	13 20	15 05	16 00	23 30	0 10	0 30	1 00	1 15	1 00	1 50	2 15
豊橋	〃	↓	10 52	12 32	13 10	↓	13 41	14 21	15 59	17 07	↓	1 23	↓	↓	↓	↓	↓	3 31
浜松	〃	↓	11 29	13 10	13 41	13 00	14 16	14 57	↓	17 43	1 31	2 06	2 22	2 48	3 02	3 14	3 46	4 15
静岡	〃	7 28	12 35	14 17	14 53	↓	15 23	16 04	17 29	18 51	2 52	3 27	3 43	4 06	4 24	4 41	5 18	5 46
沼津	〃	↓	13 31	15 07	15 43	14 42	16 15	16 57	↓	19 46	3 56	4 20	4 35	5 10	5 26	5 45	6 30	6 50
熱海	〃	8 29	13 53	15 30	16 04	↓	16 36	17 18	18 29	21 10	4 23	4 46	4 59	5 37	5 55	6 11	6 56	7 16
小田原	〃	↓	14 16	15 55	16 28	↓	17 00	17 42	↓	20 36	4 50	5 13	5 27	6 04	6 22	6 40	7 22	7 41
横浜	着	9 33	15 06	16 50	17 20	16 03	17 50	18 34	19 34	21 26	5 51	6 20	6 33	7 11	7 31	7 51	8 31	8 51
東京	〃	10 00	15 40	17 25	17 53	16 30	18 23	19 08	20 00	22 00	6 25	6 54	7 10	7 46	8 03	8 23	9 03	9 23
記事					日豊線経由			筑豊線経由				福知山線経由				呉線経由		

東京～大阪間を走行する定期列車のみ掲載。斜数字は普通列車区間の時刻
連結車種欄　イテ=1等展望車、Aロネ=2等寝台車A室、Bロネ=2等寝台車B室、Cロネ=2等寝台車C室 、ハネ=3等寝台車、シ=食堂車
2等並びに3等座席車だけで組成される列車は省略

03 東京～大阪間に電車急行運転開始

03-1 「こだま形」と同時に「東海形」153系電車登場

1956（昭和31）年11月19日改正では、特急「つばめ」「はと」の全区間電機牽引によるスピードアップが実現したが、車両は在来車のままなので、「東海道全線電化」という一大プロジェクト完成としては、物足りなさを隠すことができなかった。

これについて国鉄は、東海道全線電化を目標に、新製の機関車と客車により、東京～大阪間を7時間以内で結ぶ高速列車の運転を計画していた。そして、1955（昭和30）年12月にはテスト走行も行なうのだが、線路改良に巨費がかかることで断念せざるを得ず、1956（昭和31）年11月改正では、客車の塗装を電気運転にふさわしい薄緑色に塗装変更することでお茶を濁したのである。

一方、私鉄では1953（昭和28）年からカルダン駆動の高性能電車が登場し、スピードの速さと乗り心地面の良さで利用客から好評を博していた。そのため、国鉄も遅ればせながら1957（昭和32）年6月に同様の駆動システムを採用した通勤形電車101系（当時はモハ90形と称されたが、1959年6月に3桁表示の101系に改称、本書では新性能電車についてはすべて3桁表示で記述する）を試作。80系湘南形を含むそれまでの吊掛け駆動電車のように電車特有の騒音や振動が少なく、客車列車に劣らぬ乗り心地が期待できるうえに、最高速度100km/h以上での運転も可能なため、101系を基礎に長距離高速電車の設計計画が立てられる。これにより、電車としては初の本格的優等列車用車両とて長距離特急形の151系が1958（昭和33）年9月に、中距離の準急として使用予定の153系が10月に落成する。

同年10月1日には挿入式としてはかなりの規模のダイヤ改正が実施されるほか、急行の2等車はリクライニングシート車を原則とすることで、特別2等料金の制度が廃止され、代替として座席指定制が採用される。これにより、「なにわ」は次のような編成になる。②号車は転換クロスシートのオロ35が入るものの、リクライニングシート車の投入とはならなかった。

待望の151系と153系の運転開始は、ダイヤ改正から1ヵ月遅れの11月1日とされる。151系は東京～大阪／神戸間2往復の特急「こだま」で登場。ボンネット形の正面マスクや、クリーム色を基調に窓周りを赤く塗った塗装も斬新で、ビジネス特急のキャッチフレーズも新たに、東京～大阪間を“「日帰り可能」”な6時間50分で結んだ。20系固定編成客車同様の全車空調設備など、時代を10年以上も先取りした設備で爆発的な人気を呼んだ。

もう一方の153系は、当日は東京～名古屋／大垣間で4往復の準急「東海」のうち、307T（下り2号）と310T（上り1号）で運転。全列車が153系で揃う1959（昭和34）年3月までは、80系と共通運用された。153系は80系準急を新性能化する意図も汲んで設計されているため、塗装は80系同様の窓周りオレンジ、その上下が緑の湘南色が採用されるが、正面はパノラミック窓を持つ貫通形とされ、窓も二段式のユニットサッシため、80系とは異なった印象の車両となる。正面の塗装がオレンジ色に塗り潰されたのは、警戒色を兼ねる目的もあるが、前照灯の位置などから緑のラインとの塗り分けの処理が難しいのも、理由ではなかったかと思われる。

153系は最初に使用された列車名から当時は「東海形」とも呼ばれたが、1959年4月から名古屋～大阪／神戸間準急「比叡」、さらに6月からは東京～伊豆間準急にも使用され、東海道全線を席巻する。

急行なにわ（1958.10.1現在）

← 11レ　大阪行き　　　　12レ　東京行き →

		①	②	③	④	⑤	⑥	⑦	⑧	⑨	⑩	⑪	⑫
郵便	荷物	指2等	自2等	食堂	自3等	自3等	自3等	自3等	自3等	自3等	自3等	自3等	自3等
		スロ60	オロ35	マシ35	スハフ42	スハ43	スハ43	スハ43	スハ43	スハ43	スハ43	スハ43	スハフ42

03-2 東京〜大阪間電車急行「せっつ」運転開始

東海道本線に電車による特急や準急が走り出すと、それまで昼夜にわたり同線の覇権を握っていた客車優等列車は、設備やシステム面でも過去の乗り物同然だった。特急「つばめ」「はと」の両列車は1等展望車付きとはいえ、冷房車はそれと食堂車の2両だけ、それに対し、151系電車特急「こだま」は、東京〜大阪間到達も客車特急より40分速く、そのうえ全車冷房付きで3等車も回転クロスシートとあっては、客車特急に“長所”を見出すにも大変だった。当然のことながら「つばめ」「はと」の電車化が話題になるまでには時間がかからなかった。

一方153系電車は、準急での使用を考えて設計されたため、車種的には少し前までは特別2等車(特ロ)に対し、「並ロ」と称していた一般の2等車に属する回転クロスシートのサロ153と、ナハ10系客車類似の設備を持つボックスシートの3等車だけなので、運転区間は東京・大阪発列車とも、名古屋付近で二分されていた。しかし、1959年9月改正ダイヤでは「東

時刻表④　東京〜大阪間急行列車・時刻の変遷 (4)　1960(昭和35)年 6月1日

列車番号	101T	2011T	103T	11	31	33	35	37	39	105T	107T
種別	特急	急行	特急	急行	急行	急行	急行	急行	急行	特急	特急
列車名	第1こだま	せっつ	第1つばめ	なにわ	阿蘇	雲仙	高千穂	霧島	西海	第2こだま	第2つばめ
連結車種	ロテ・シ		ロテ・シ	シ	Cロネ・ハネ・シ	Cロネ・ハネ・シ	Cロネ・ハネ・シ	Cロネ・ハネ・シ	Cロネ・ハネ・シ	ロテ・シ	ロテ・シ
東京 発	7 00	8 14	9 00	9 30	10 00	10 30	11 00	13 00	13 30	14 30	16 30
横浜 〃	7 22	8 40	9 22	10 03	10 33	11 00	11 33	13 30	14 03	14 52	16 52
小田原 〃	↓	9 24	↓	10 50	11 24	11 54	12 24	14 20	14 54	↓	↓
熱海 〃	8 18	9 44	↓	11 15	11 48	12 18	12 47	14 43	15 17	15 48	↓
沼津 〃	↓	10 02	10 33	↓	12 11	12 42	↓	15 02	15 41	↓	↓
静岡 〃	9 10	10 48	↓	12 25	13 05	13 37	14 04	15 53	16 41	↓	↓
浜松 〃	↓	11 52	↓	13 34	14 15	14 50	15 19	17 04	17 49	17 32	↓
豊橋 〃	↓	12 28	↓	14 06	14 49	15 26	15 55	17 39	18 16	↓	19 54
名古屋 着	11 13	13 24	13 12	15 10	15 55	16 34	16 56	19 02	19 20	18 43	20 41
名古屋 発	11 16	13 27	13 15	15 15	16 00	16 40	17 05	18 38	19 25	18 46	20 44
岐阜 〃	↓	13 50	13 36	15 44	16 31	17 09	17 38	18 45	19 54	↓	21 05
米原 〃	↓	↓	↓	16 38	17 26	18 03	18 32	20 10	20 49	↓	↓
京都 着	12 58	15 24	14 58	17 35	18 25	19 02	19 36	21 05	21 45	20 28	22 28
大阪 〃	13 30	16 00	15 30	18 15	19 07	19 51	20 19	21 50	22 30	21 00	23 00
終着					熊本	長崎	西鹿児島	鹿児島	長崎	神戸	
					9 51	11 25	16 48	17 10	14 38	21 28	
記事					筑豊線経由		日豊線経由				

列車番号	40	102T	38	36	104T	34	32	12	2012T	106T	108T
種別	急行	特急	急行	急行	特急	急行	急行	急行	急行	特急	特急
列車名	西海	第1こだま	霧島	高千穂	第1つばめ	雲仙	阿蘇	なにわ	せっつ	第2こだま	第2つばめ
連結車種	Cロネ・ハネ・シ	ロテ・シ	Cロネ・ハネ・シ	Cロネ・ハネ・シ	ロテ・シ	Cロネ・ハネ・シ	Cロネ・ハネ・シ	シ		ロテ・シ	ロテ・シ
始発	佐世保	神戸	鹿児島	西鹿児島		長崎	熊本				
	15 30	6 30	13 20	12 20		17 45	19 05				
大阪 発	6 24	7 00	7 57	8 34	9 00	9 20	9 58	12 15	14 00	14 30	16 30
京都 〃	7 09	7 32	8 43	9 24	9 32	10 06	10 46	12 55	14 38	15 02	17 02
米原 〃	8 21	↓	9 52	10 41	↓	11 18	11 55	13 58	↓	↓	↓
岐阜 〃	9 09	↓	10 44	11 32	10 52	12 06	12 45	14 44	16 11	↓	18 22
名古屋 着	9 39	9 11	11 20	12 02	11 13	12 35	13 14	15 13	16 36	16 41	18 43
名古屋 発	9 45	9 14	11 27	12 10	11 16	12 40	13 20	15 18	16 47	16 44	18 46
豊橋 〃	10 52	↓	12 29	13 10	↓	13 41	14 21	16 20	17 42	↓	19 34
浜松 〃	11 30	↓	13 08	13 47	↓	14 15	14 57	16 52	18 12	17 56	↓
静岡 〃	12 36	11 18	14 17	14 53	↓	15 23	16 04	17 59	19 13	↓	↓
沼津 〃	13 31	↓	15 08	↓	13 57	16 15	16 56	↓	19 56	↓	↓
熱海 〃	13 53	12 11	15 30	16 04	↓	16 36	17 18	19 09	20 15	19 41	↓
小田原 〃	14 16	↓	15 55	16 28	↓	17 00	17 42	19 34	20 34	↓	↓
横浜 着	15 05	13 07	16 51	17 20	15 07	17 49	18 35	20 21	21 18	20 37	22 37
東京 〃	15 41	13 30	17 25	17 53	15 30	18 23	19 09	20 54	21 44	21 00	23 00
記事				日豊線経由			筑豊線経由				

東京〜大阪間を相互始終着とする昼行定期列車のみ掲載。
連結車種欄　ロテ=パーラーカー、Cロネ=2等寝台車C室 、ハネ=3等寝台車、シ=食堂車
2等並びに3等座席車だけで組成される列車は省略

海」は東京〜名古屋間を5時間39 〜 58分、「比叡」は名古屋〜大阪間を2時間37 〜 48分と、客車急行の両区間より短い時間で結んでいたため、利用客の間から両列車を結んだような東京〜大阪間電車急行設定の要望が出されるのは、当然の成り行きでもあった。

そこで、1960(昭和35)年6月1日改正では、特急「つばめ」「はと」の151系電車化と、東京〜大阪間としては初の定期電車急行「せっつ」の新設が実施される。前者については客車時代の展望車の電車版といえる、パーラーカーなる先頭2等車のクロ151と、電車としては初の本格的食堂車のサシ151を連結。ビジネス特急としてデビューした151系電車も編成に豪華さを増す。

急行「せっつ」には本来なら、153系とは別形式の急行用電車の新製が望まれるところだが、予算との関係で田町電車区の東京〜伊豆間準急用153系10両編成が、そのまま使用される。したがって、ヘッドマークの取付けもなく、2両の2等車は「こだまの3等並み」で、しかも非冷房に関わらず急行の運賃・料金が適用されるとあって、評判は良くなかった。当時、東京〜大阪間を電車特急の3等車で旅行するには、運賃990円＋特急料金800円の1790円だが、急行の2等指定席では運賃2380円＋急行料金840円、そこに座席指定料金200円が加算され、3420円もかかった。夏場では「せっつ」のサロ153より、「つばめ」「こだま」のモハ150などの方が居住性も良いので、矛盾もいいところだが、列車等級が3等級制だった当時では、料金はもとより運賃もそれぞれの等級に応じたレートで徴収されていたので、等級が上位になるほど値段が高くなったのである。それからすれば、2等車以上はすべて冷房付きにすべきではなかったかと思う。

外観や設備面では準急そのものの「せっつ」だったが、時刻表―④に示すように、東京〜大阪間を改正前の客車特急と大差のない7時間46分で結び、電車の性能を遺憾なく発揮したことで、3等車は運転開始当初から全区間で混みあっていた。同改正では兄貴分の「なにわ」も同区間を客車急行としては最も速い8時間45分にスピードアップされたが、EF58牽引でも途中で21の駅に停車していては、これが限度だった。ちなみに「せっつ」の停車駅は14で昼行急行では最も少なかった。

同改正から1ヵ月後の1960年7月1日には、列車等級の1等車を廃止のうえ、従前の2・3等を1・2等に格上げする2等級制が実施される。これは、6月の改正で国鉄線上から1等展望車が引退したことによる措置だが、車両形式については従来通りのままで引き継がれた。この日における「なにわ」と「せっつ」の編成は次の通りである。

「なにわ」の1等車は自由席車が旧特ロのスロ53に置き換えられ、2両ともリクライニングシートになったことで、東京〜大阪間急行は「なにわ」のスピードアップと、「せっつ」用車両のグレードアップが緊急の検討課題になる。東海道本線はもはや客車での時代ではないため、国鉄部内では急行形電車の設計が進められた。

ここまでの東海道本線は、客車と電車の並立時代といえるため、戦後の1945(昭和20)年9月からの全体的な流れについては、表―2の略年表も参照されたい。

310T 大垣発東京行き準急「東海1号」153系(当時91系)電車12連　藤沢〜大船　1959. 4.12　撮影：荻原二郎

初めて使用された列車から「東海形」の名称が定着した153系(当時91系)電車による準急「東海」。急行「せっつ」の登場時も類似した編成だった。

急行なにわ（1960.7. 1現在）

← 11レ　大阪行き　　　　12レ　東京行き →

		①	②	③	④	⑤	⑥	⑦	⑧	⑨	⑩	⑪	⑫
郵便	荷物	指1等	自1等	食堂	自2等	自2等	自2等	自2等	自2等	自2等	自2等	自2等	自2等
		スロ60	スロ53	マシ35	スハフ42	スハ43	スハ43	スハ43	スハ43	スハ43	スハ43	スハ43	スハフ42

表-2　東海道本線略年表(1945年8月～1960年)

西暦	(和暦)	月日	おもな出来事
1945	(昭和20)	9. 2	日本、降伏文書に調印
		9. 9	国鉄ならびに地方鉄道・軌道を含む日本の鉄道は連合国軍が管理
		11.20	戦後初のダイヤ改正。1944年10月改正時の運行水準に復活
		12.15	石炭不足により列車削減(1947年4月まで、石炭事情の深刻化が続く)
1946	(昭和21)	1.31	東京～門司間に連合軍専用列車1005・1006レ「Allied Limited(アライド・リミティッド)」運転開始。 3.13には東京～博多間に1001・1002レ「Dixie Limited(ディキシー・リミティッド)」も運転
		11.10	準急列車運転開始。準急行券を発売。優等列車は特急・急行・準急の3種別制になる
1947	(昭和22)	1. 4	石炭不足の深刻化により、急行・準急列車全廃。2等車の連結停止
		4.24	急行列車ならびに2等車復活。東京都内～早岐(上り南風崎)間3往復など復員臨時列車運転
		6.29	主要幹線に急行復活。地方幹線を中心に準急新設
		10. 1	上越線石打～長岡間電化に伴い同線の全線電化完成
1948	(昭和23)	7. 1	戦後初の全国ダイヤ改正。急行の速度低下、準急の増発をはかる
		11.10	東京～大阪間急行11・12レに特別寝台車を連結(実質的に1等寝台車の復活)
1949	(昭和24)	2. 1	東海道本線沼津～静岡間電化
		4.21	奥羽本線福島～米沢間電化
		5. 1	寝台料金改訂に伴い特別寝台車を1等寝台車に改称
		5.20	東海道本線静岡～浜松間電化
		6. 1	公共企業体「日本国有鉄道」発足
		9.15	全国ダイヤ改正。大型機関車増備等により東京～大阪間に各等特急「へいわ」運転開始。各線に急行・準急増発。 東京～大阪間に1・2等急行「銀河」運転。1等展望車と食堂車が復活
		12.17	東京～大阪間急行17・18レに2等寝台車連結(2等寝台車の復活)
1950	(昭和25)	1. 1	特急「へいわ」の列車名を「つばめ」に改称
		3. 1	東海道本線東京～沼津間に80系湘南形電車運転開始
		4.10	特急「つばめ」の1・2等に座席指定を実施。特別2等車の連結を開始
		5.11	東京～大阪間に各等特急「はと」を増発
		6. 1	特急「つばめ」「はと」に女子客室乗務員が接客を担当
		6.25	朝鮮動乱が勃発
		10. 1	戦後初の白紙ダイヤ改正。東京～大阪間特急を戦前全盛期の8時間運転に戻すなどスピードアップ。 東京～九州間急行の一部に特別2等車連結(以後全国の急行に普及)するなど、輸送サービスを向上。
		10. 7	東京～伊東・修善寺間に週末運転の電車準急「あまぎ」運転開始(電車準急のはじまり)
		11. 2	国鉄本庁で急行列車に「明星」「彗星」「阿蘇」「霧島」「雲仙」「筑紫」「安芸」「みちのく」「北斗」「青葉」「日本海」「北陸」 の列車名を命名。愛称付き列車での運転開始は11月8日
1952	(昭和27)	4. 1	連合軍専用列車を急行扱いの「特殊列車」とし、1・2等急行券の発売駅、発売枚数を制限のうえ、一般旅客に発売
		4.28	対日平和条約、日米安全保障条約発効により、日本は独立を回復
		9. 1	名古屋～大阪間準急1往復運転
		11.21	炭鉱労働組合ストライキの影響により列車削減(12.28にスト解決)
1953	(昭和28)	3.15	東京～博多間に特急「かもめ」新設。大阪以西に特急が復活
		7.21	東海道本線浜松～名古屋間電化
		11.11	東海道本線名古屋～稲沢間電化に伴うダイヤ改正。東京～大阪間急行「月光」運転
1954	(昭和29)	10.1	ダイヤ改正。特殊列車に愛称命名。東京～佐世保間1001・1002レ(東海道内昼行)は「西海」、同～博多間1005・1006レ(東 海道内夜行)は「早鞆」になる
1955	(昭和30)	7. 1	1等寝台車を廃止。2等寝台A室(コンパートメント)、同B室(プルマンタイプ)、従来の2等寝台車を同C室に改称
		7.20	東海道本線稲沢～米原間電化。東京～名古屋間に準急「東海」運転
1956	(昭和31)	3. 3	3等寝台車ナハネ10が落成。3.20から東京～大阪間4往復に連結。3等寝台車は14年半ぶりに復活
		11.19	全国白紙ダイヤ改正。東海道本線米原～京都間電化により全線電化完成。特急「つばめ」「はと」は全区間電気機関車牽引。 東京～博多間に特急「あさかぜ」、東京～大阪間に昼行急行「なにわ」運転
1957	(昭和32)	10. 1	東京～長崎間に特急「さちかぜ」、東京～大阪間に寝台車を主体とした定員乗車制の急行「彗星」設定(寝台列車のはじめ)。 東京～名古屋／大垣間に電車準急「東海」、名古屋～大阪／神戸間に電車準急(11.15に「比叡」を命名)を各3往復運転
1958	(昭和33)	4.10	山陽本線西明石～姫路間電化により、東京～姫路間での電気運転開始
		6. 1	品川～京都間に修学旅行専用電車運転開始
		10. 1	ダイヤ改正。特急「あさかぜ」を20系固定編成客車に置換え。東京～鹿児島間に特急「はやぶさ」を新設。 急行の特別2等車の制度を廃止し、座席指定2等車に変更する
		11. 1	東京～大阪／神戸間に電車準急「こだま」2往復新設。東京～大阪間所要6時間50分。供食設備としてビュフェ付き車 両を連結
1959	(昭和34)	7.20	東京～長崎間特急を固定編成化し「さくら」として運転。「こだま」の東京～大阪間所要を6時間40 ～ 45分に短縮
1960	(昭和35)	6. 1	ダイヤ改正。東京～大阪間特急「つばめ」「はと」を電車化し、「つばめ」の列車名で運転。1等展望車に替わり、特別料 金が必要な2等先頭車パーラーカーと食堂車を連結。同区間の所要を「こだま」ともども6時間30分に短縮。「つばめ」「こ だま」とも同一編成とする。東京～大阪間に電車急行「せっつ」運転開始
		7. 1	列車等級の1等を廃止し、2・3等を1・2等にスライド格上げし、2等級制を採用
		7.20	特急を「はやぶさ」を固定編成化し、運転区間を東京～西鹿児島間に変更

本文を補足する資料として制度や線路の変更、著名列車の動向など必要最小限を記載

03-3 153系の急行版グレードアップ編成登場

鉄道が距離の長短を問わず交通の王者として君臨していた当時、優等列車では特急・急行・準急の間に設備面で厳しい線引きがなされていた。特に東海道本線のような重要幹線での昼行急行ともなると、九州直通を含めリクライニングシートの1等車と食堂車の連結は不可欠とされた。この点では「なにわ」は合格である。

そこで、「なにわ」の電車化と「せっつ」のグレードアップに当たっては、153系の2等車は設備的に急行で十分に通用するため、リクライニングシート装備の1等車と食堂車が、153系内での新形式として立ち上げられる。新1等車はサロ152の形式が与えられ、上部にプラスチック製ひさしを取り付けた下降式の大型2連窓が並ぶ優雅な外観は、以後の1等車の標準形として電車はもちろんのこと、気動車にも採用された。

食堂車については、153系急行編成は近い将来の東海道電車急行をすべて12両の同一編成とし、共通運用化を図ることや、電車列車の組成上2両の1等車は中間(⑤・⑥号車)に入るため、2等客の1等車への通り抜けを未然に防ぐ関所のような役目もあり、1等車を挟む位置に入らざるを得なかった。そこで、食堂車は登場時の151系「こだま」形電車モハシ150のように、2等・食堂合造車サハシ153として編成に2両が組み込まれる。

そうした経緯もあり、サハシ153の食堂部分はモハシ150と同様の立食式のビュフェになるが、喫茶・軽食のほか、庶民派列車をアピールするため寿司コーナーも併設されたのが特徴といえ、この「寿司電車」は、以後153系電車急行の顔的存在になる。また、食堂車では食事客を蒸気機関車が吐き出す煤煙から守る目的もあり、以前から冷房が取り付けられていたため、サハシ153でもビュフェ部分に冷房が取り付けられる。それ以外は1等車を含め非冷房の153系では、ビュフェ部分の屋根上に取付けられたAU12形の“きのこ形クーラー”が冷房室の存在を誇示していた。

03-4「なにわ」の電車化で夜行急行「金星」も登場

サロ152とサハシ153の両形式は、1961(昭和36)年1月にそれぞれ10両が登場。3月1日のダイヤ改正では、「なにわ」の電車化と「せっつ」の組成変更が実施され、東京〜大阪間には「なにわ」の運用間合いを利用して夜行急行「金星」が新設される。電車での夜行優等列車は、1958(昭和33)年10月から東京〜名古屋間で準急「東海4—4号」が80系で登場しているほか、1959(昭和34)年にも臨時急行として「ことぶき」や「すばる」が、153系や修学旅行用の155系を使用して運転されているが、定期急行としての運転は「金星」が初めてだった。「なにわ」「せっつ」「金星」の3列車は次のような時刻と編成で運転される。

「なにわ」

11T　東京発　9:30→名古屋発14:37→大阪着17:15

12T　大阪発 12:30→名古屋発15:09→東京着20:15

急行せっつ（1960. 7. 1 現在）

← 2011T 大阪行き　　2012T 東京行き →

①	②	③	④	⑤	⑥	⑦	⑧	⑨	⑩
自2等	自2等	自2等	指1等	自1等	自2等	自2等	自2等	自2等	自2等
クハ153	モハ152	モハ153	サロ153	サロ153	モハ152	モハ153	モハ152	モハ153	クハ153

急行なにわ・せっつ・金星（1961. 3. 1 現在）
準急※伊吹

← 大阪行き　　東京行き →

①	②	③	④	⑤	⑥	⑦	⑧	⑨	⑩	⑪	⑫
自2等	自2等	自2等	自2等・ビ	自1等	指1等	自2等・ビ	自2等	自2等	自2等	自2等	自2等
クハ153	モハ152	モハ153	サハシ153	サロ152	サロ152	サハシ153	モハ152	モハ153	モハ152	モハ153	クハ153

※「伊吹」は全車座席指定(1961.10.1 〜 1968.5 の東京〜大阪間などのサハシ 153 連結急行 [一部準急] も同一編成)

「せっつ」
2011T　東京発　8:14→名古屋発13:27→大阪着16:00
2012T　大阪発 14:00→名古屋発16:47→東京着21:44
「金星」
2017T　東京発22:05→名古屋発 5:10→大阪着8:58
2018T　大阪発 20:40→名古屋発0:10→東京着6:55

153系の先頭車クハ153には低運転台車（通称デカ窓）と、以後の急行・近郊形電車の顔ともなる高運転台車の2通りのスタイルがあるが、高運転台のクハ153―500番代が登場するのは1961年4月以降になるので、運転開始時における3急行のクハ153は、すべて低運転台の0番代車である。この3急行の運転を期して先頭車には、地色を青としたお馴染みの名称可変式ヘッドマークが登場する。「なにわ」「せっつ」「金星」のほか、共通運用の準急「伊吹」や、列車名を隠すため青の3条線マーク（消去マーク）も用意されていた。

こうして、1961（昭和36）年3月改正で装いも新たに運転を開始した「なにわ」と「せっつ」は、始発駅で早めにホームに並べば好きな位置の座席を確保できることや、全区間でも7時間45分前後での到達が好評を博し、運転開始早々は、ほぼ全区間で通路まで人で埋まるほどの混雑を呈した。夜行の「金星」は客車急行ダイヤでの運転だが、列車新設により東京～大阪間で800名以上の座席輸送力が生まれたため、「明星」の寝台列車化を推進するなど、夜行列車の改善に大きな貢献を果たした。さらに「金星」の運用は、153系電車を東京（田町電車区）で夜間留置をしなくても済むため、車両基地の敷地拡大を抑える役目も果たした。国内が高度経済成長期にあった当時、地価が高騰しており、都市部での土地購入は国鉄にとっても悩みの種になっていたのだ。

03-5 当初は大人気だったビュフェの寿司コーナー

東京～大阪間電車急行には夜行の「金星」も含め、本格的な食堂車に替わるビュフェの営業が実施され、その中でも寿司コーナーは153系電車急行（一部準急）では、必ず話題になる代表的供食設備なので、これについて触れておきたい。

まず、2等・食堂合造車サハシ153だが、この車両のビュフェ部分は車体長19.5mの約5分の3を占め、形態としては中央カウンター部分を境に、調理室部分と立食用の通路部分に二分され、通路の窓部分にも景色を眺めながら食事ができるようカウンターが設けられていた。その中央カウンター部分のうち約7mが喫茶・軽食コーナー、残りの約4mが寿司コーナーとされた。このうち寿司コーナーのカウンターには、当時としては珍しい電気冷蔵庫方式のガラス張り寿司種ケースと、電気熱燗器が置かれ、その上には朱色地に白く染め抜かれた波模様の暖簾がぶら下げられていた。さらにカウンター後方の壁には寿司の値段も明示されていたので、左党の客にとっては熱燗を片手に、好みの寿司を食べたくなるような雰囲気が漂っていた。

表-3

1961(昭和36)年時点での東海道急行ビュフェの主なメニュー（新大阪ホテル）

にぎり寿司	
たこ・とり貝・いか・こはだ・あなご	各 15円
まぐろ・鯛・ヒラメ・玉子	各 20円
赤貝・シャコ・ミル貝	各 25円
鉄火巻	60円
のり巻	40円
きゅうり巻	50円
盛合わせ	(上) 150円、(特) 200円
定食	
朝定食(トースト・コーヒー・ジュース・ゆで玉子)	150円
コールミート定食	250円
一品料理	
オードブル	150円
コールビーフ	150円
コールチキン	150円
ハムサラダ	100円
サンドイッチ・デザート	
ミックスサンドイッチ	130円
ハムサンドイッチ	100円
パン・バター付	25円
トースト・バター付	25円

他に　コーヒー (50円)、紅茶(40円)、ビール(大瓶145円)、おつまみ、酒など

「鉄道ピクトリアル」2007年10月号(通巻794号)より

寿司コーナーを含む当時のビュフェのメニューと値段が「鉄道ピクトリアル」2007年10月号に掲載されていたので、それをそのまま表―3として示す。1961年4月に2等運賃100円で乗車できる国鉄のキロ地帯は40～43kmである。現在の類似キロ地帯（41～45km）のJR本州3社幹線区間を利用する場合の普通運賃が770円からすると、現在の値段では約8倍になる。この値段が適正かどうかは、読者の方の判断にお任せしたいが、営業開始当時は、列車そのものが満員だったせいか、寿司も途中で売り切れになることが多かったといわれる。夜行の「金星」では営業終了の23時まで飲み客で繁盛するが、朝は喫茶・軽食コーナーに客が流れるので、寿司職人は暇だったようだ。

また、メニューには記載がないが、調整済みの大阪寿司が販売されていたほか、寿司職人に頼めば刺身の盛り合わせも、つくってもらうことができた。このほか、「なにわ」ではビュフェの担当業者は④号車が新大阪ホテル、⑦号車は日本食堂と分かれていたので、味比べをすることも可能だった。

こうした一方、喫茶・軽食コーナーのメニューには、定番のカレーライスが載っていないが、これはビュフェに電気レンジや電子レンジの設置がないのが理由で、やかんで沸かす飲み物以外は、冷たいものばかりだった。だから、軽食メニューはサンドイッチなどのパン類が主体となり、米飯は駅の立ち売りか車内販売の弁当に求めるしかなかった。

04 東京～大阪間電車急行黄金時代

04-1 目一杯のダイヤ設定だった「サン・ロク・トオ」改正

151系と153系による電車列車の登場は、東海道本線のイメージアップに大いに貢献し、1961（昭和36）年3月改正後も特急は切符の入手難、2等車がオール自由席の急行では、デッキや通路に乗客が立つのも、日常の光景とさえなっていた。東海道本線にはこのほかにも夜行を含む山陽・九州への直通列車や、線内列車、それに貨物列車も多数運転されているため、輸送力はこの時点ですでに飽和状態に達していた。

東海道本線の行き詰まりは戦後復興とともに、日本が連合国軍からの独立を回復して以後、経済活動も活発化してきた1954（昭和29）年頃から、すでに国鉄部内で認識されていた。そして、1956（昭和31）年5月には「東海道線増強調査会」が設けられ、1年余りの審議の結果、東京～大阪間の複々線化に際しては、広軌（標準軌）別線により、東京～大阪間を3時間で結ぶ超高速鉄道を実現しようという案に決定。そして建設計画に際し「新幹線」と名付けられ、1959（昭和34）年4月に、新丹那トンネル東口で起工式が執り行われた。開業目標は1964（昭和39）年10月とされる。当時日本は同年に実施される第18回オリンピックを東京に誘致すべく立候補していたが、決定したのは起工式直後で、大会が「気候が温暖で雨の少ない10月」とされるのはもう少し先のことなので、最初からオリンピック開催時の開業を意識していたかどうかについては、定かでない。

そうした中で実施され、「サン・ロク・トオ」とも呼ばれる1961（昭和36）年10月1日ダイヤ改正は、東海道本線にとっては、昼行優等列車が最大限の活躍をする最後の白紙ダイヤ改正である。そのため、白紙改正の長所を生かした列車増発がなされたものの、これ以上スジを入れる余地がないという、ぎりぎりのダイヤ設定でもあった。

04-2 電車急行は昼・夜行とも大盤振舞

この改正で、東京～大阪／神戸間を走行する電車特急は、宇野直通を含め従前の4往復から7往復に、電車急行は昼行2往復・夜行1往復から昼行6往復・夜行3往復に大増発される。特に、昼行電車急行は東京～大阪間が"特急より1時間遅いだけ"の所要7時間30分にスピードアップされ、中でも下り「いこま」は終点大阪で、宇野行き準急307M「鷲羽4号」に接続するため、7時間25分で結び、少し前の展望車付き

時刻表-⑤　東京～大阪間急行列車・時刻の変遷（5）　1961（昭36）年 10月1日

列車番号		1M	2001M	101M	3M	103M	105M	107M	31	109M	33	5M
種別		特急	特急	急行	特急	急行	急行	急行	急行	急行	急行	特急
列車名		第1こだま	第1富士	六甲	第1つばめ	やましろ	いこま	第1なにわ	霧島	第1せっつ	雲仙・西海	はと
連結車種		ロテ・シ	ロテ・シ	ビ	ロテ・シ	ビ	ビ	ビ	Cロネ・ハネ・シ	ビ	ハネ・シ	ロテ・
東京	発	7 00	8 00	8 30	9 00	9 30	10 00	10 50	11 00	12 20	12 30	13 0
横浜	〃	7 22	8 22	8 55	9 22	9 56	10 26	11 14	11 27	12 46	12 57	13 2
小田原	〃	↓	↓	9 41	↓	10 38	11 11	11 58	12 13	13 29	13 42	14 0
熱海	〃	8 18	9 18	10 02	↓	11 00	11 32	12 18	12 35	13 50	14 04	↓
沼津	〃	↓	↓	10 22	10 32	11 19	11 52	12 36	↓	14 10	14 23	14 3
静岡	〃	9 10	↓	11 02	↓	12 04	12 34	13 20	13 42	14 52	15 12	↓
浜松	〃	↓	11 52	12 02	↓	13 02	13 34	14 20	14 46	15 49	16 15	↓
豊橋	〃	↓	↓	12 33	↓	13 29	14 01	14 48	15 16	16 16	16 46	↓
名古屋	着	11 13	12 11	13 26	13 11	14 24	14 53	15 44	16 10	17 10	17 39	17 1
	発	11 16	12 14	13 29	13 14	14 27	14 56	15 47	16 16	17 19	17 44	17 1
岐阜	〃	↓	12 35	13 52	↓	14 51	15 19	16 10	↓	17 43	↓	↓
米原	〃	↓	↓	↓	14 12	15 35	↓	16 54	↓	↓	↓	↓
京都	着	12 58	13 58	15 25	14 58	16 25	16 52	17 45	18 15	19 16	19 44	18 5
大阪	〃	13 30	14 30	16 00	15 30	17 00	17 25	18 20	18 53	19 50	20 21	19 3
終着			宇野						鹿児島		長崎	
			17 20						13 33		11 42	
記事											佐世保着	
											10 50	

列車番号		34	2M	2004M	102M	36	4M	104M	32	106M	108M	6M
種別		急行	特急	特急	急行	急行	特急	急行	急行	急行	急行	特急
列車名		雲仙・西海	第1こだま	第1富士	六甲	高千穂	第1つばめ	やましろ	霧島	いこま	第1なにわ	はと
連結車種		ハネ・シ	ロテ・シ	ロテ・シ	ビ	Cロネ・ハネ・シ	ロテ・シ	ビ	Cロネ・ハネ・シ	ビ	ビ	ロテ・
始発		長崎		神戸		西鹿児島			鹿児島			
		15 05		7 30		12 00			15 55			
大阪	発	6 35	7 00	8 00	8 30	8 40	9 00	9 30	10 22	11 00	12 30	13
京都	〃	7 18	7 32	8 32	9 04	9 28	9 32	10 03	11 04	11 34	13 04	13
米原	〃	8 21	↓	↓	↓	↓	10 17	10 54	↓	↓	13 56	↓
岐阜	〃	↓	↓	9 52	10 35	11 10	↓	11 33	↓	13 08	14 33	↓
名古屋	着	9 28	9 11	10 13	10 59	11 34	11 13	11 57	13 08	13 30	14 58	15
	発	9 34	9 14	10 16	11 02	11 39	11 16	12 00	13 12	13 33	15 01	15
豊橋	〃	10 27	↓	↓	11 56	12 33	↓	12 56	14 05	14 26	15 58	↓
浜松	〃	11 00	↓	↓	12 29	13 08	↓	13 25	14 38	14 55	16 28	↓
静岡	〃	12 02	11 20	↓	13 27	14 10	↓	14 22	15 41	15 53	17 28	↓
沼津	〃	12 49	↓	↓	14 10	14 57	13 58	15 05	↓	16 35	18 12	17
熱海	〃	13 14	12 12	13 12	14 29	15 16	↓	15 25	16 46	16 55	18 29	↓
小田原	〃	13 36	↓	↓	14 51	15 37	↓	15 46	17 07	17 15	18 49	18
横浜	着	14 24	13 07	14 07	15 34	16 23	15 07	16 33	17 53	18 02	19 32	19
東京	〃	14 50	13 30	14 30	16 00	16 50	15 30	17 00	18 20	18 30	20 00	19
記事		佐世保発				日豊線経由						
		15 55										

東京～大阪(神戸)間を相互始終着とする定期優等列車、並びに東京～宇野間特急「富士」と東海道内昼行の東京～九州間急行の時刻を掲載
連結車種欄　ロテ=パーラーカー、Aロネ=1等寝台車A室 、Bロネ=1等寝台車B室 、Cロネ=1等寝台車C室 、ハネ=2等寝台車、シ=食堂車、ビ=ビュフェ車
1等並びに2等座席車だけで組成される列車は省略

特急よりも速かった。

しかし、終戦直後から1950年代後半まで、昼間の東海道本線で主力列車の一翼を担っていた東京〜九州間急行は、電車急行に比べスピードが遅く車両が全体的に古いことに加え、20系寝台特急の躍進で、年々直通旅客の利用が減少していた。その結果、東京口で5往復から3往復に減便されるなど、昼間の東海道優等列車は、完全に客車から電車に代替わりしたことを示すようなダイヤ改正でもあった。

東京〜大阪／神戸間夜行は「金星」が、下りが観光団体専用列車、上りは浜田からの急行「出雲」と併結で寝台客車列車化されるが、「第2」の号数番号を持つ「せっつ」「なにわ」「よど」が新規参入したため、特にエコノミー指向客や比較的短距離の利用

111M	7M	35	2003M	9M	113M	11	13	115M	15	17	19	117M
急行	特急	急行	特急	特急	急行	急行	急行	急行	急行	急行	急行	急行
第1よど	第2こだま	高千穂	第2富士	第2つばめ	第2せっつ	銀河	明星	第2なにわ	彗星	月光	金星	第2よど
ビ	ロテ・シ	Cロネ・ハネ・シ	ロテ・シ	ロテ・シ	ビ	ABロネ・ハネ	ABロネ・ハネ	ビ	ABロネ・ハネ	ABロネ・ハネ	ハネ	ビ
14 00	14 30	14 35	15 30	16 30	20 10	20 40	21 10	21 20	21 40	22 00	22 10	22 30
14 25	14 52	15 02	15 52	16 52	20 38	21 11	21 42	21 53	22 14	22 34	22 42	23 04
15 10	↓	15 48	↓	↓	21 41	↓	↓	22 57	↓	↓	23 48	0 09
15 31	↓	16 10	16 48	↓	22 10	22 40	23 15	23 28	23 52	0 05	0 20	0 40
15 50	15 48	16 29	↓	↓	22 38	↓	↓	23 57	↓	↓	0 49	1 07
16 41	↓	17 17	↓	18 38	23 37	0 14	0 45	0 55	1 19	1 38	1 58	2 09
17 37	17 32	18 22	↓	↓	1 00	1 36	2 04	2 18	2 40	2 59	3 24	3 33
18 03	↓	18 57	↓	19 56	1 44	↓	↓	↓	↓	↓	↓	4 16
18 56	18 43	19 54	19 41	20 43	2 54	3 32	4 03	4 10	4 29	4 55	5 26	5 39
18 59	18 46	20 04	19 44	20 46	2 58	3 41	4 11	4 20	4 38	5 00	5 30	5 44
19 22	↓	20 29	20 05	↓	↓	↓	↓	4 49	↓	↓	6 07	6 20
20 05	↓	↓	↓	↓	4 29	↓	↓	5 48	↓	↓	7 18	↓
20 58	20 28	22 09	21 28	22 28	5 49	6 22	6 54	7 02	7 38	8 06	8 35	8 46
21 30	21 00	22 54	22 00	23 00	6 25	7 10	7 45	7 50	8 25	8 56	9 20	9 30
		西鹿児島	神戸			神戸						
		19 46	22 30			7 45						
		日豊線経由				寝台列車	寝台列車		寝台列車	寝台列車	寝台列車	

110M	112M	8M	2002M	10M	114M	14	12	116M	16	18	118M	22
急行	急行	特急	特急	特急	急行	急行	急行	急行	急行	急行	急行	急行
第1せっつ	第1よど	第2こだま	第2富士	第2つばめ	第2せっつ	明星	銀河	第2なにわ	彗星	月光	第2よど	出雲・金星
ビ	ビ	ロテ・シ	ロテ・シ	ロテ・シ	ビ	ABロネ・ハネ	ABロネ・ハネ	ビ	ABロネ・ハネ	ABロネ・ハネ	ビ	Bロネ・ハネ
			宇野				神戸					浜田
			12 40				20 40					14 00
13 20	14 00	14 30	15 30	16 30	20 05	20 45	21 20	21 45	22 15	22 30	22 45	23 00
13 54	14 34	15 02	16 02	17 02	20 44	21 30	22 01	22 28	23 00	23 15	23 30	23 45
↓	15 24	↓	↓	↓	21 55	↓	↓	23 48	↓	↓	↓	1 03
15 25	16 02	↓	17 22	↓	22 44	↓	↓	0 37	↓	↓	1 42	↓
15 49	16 26	16 41	17 43	18 41	23 15	0 17	0 46	1 03	1 40	1 55	2 10	2 26
15 52	16 29	16 44	17 46	18 44	23 20	0 22	0 51	1 07	1 45	2 00	2 14	2 31
16 45	17 25	↓	↓	19 32	0 32	↓	↓	↓	↓	↓	↓	↓
17 15	17 59	17 57	↓	↓	1 17	2 12	2 43	2 51	3 44	3 57	4 10	4 28
18 12	18 56	↓	↓	20 52	2 42	3 34	4 04	4 16	5 13	5 26	5 40	5 57
18 56	19 38	↓	↓	↓	3 41	↓	↓	5 19	↓	↓	6 45	6 57
19 16	19 56	19 42	20 42	↓	4 09	5 04	5 32	5 42	6 50	6 57	7 11	7 25
19 36	20 17	↓	↓	↓	4 38	5 31	↓	6 10	↓	↓	7 41	7 53
20 23	21 02	20 37	21 37	22 37	5 46	6 36	7 08	7 17	8 26	8 35	8 47	9 00
20 50	21 30	21 00	22 00	23 00	6 20	7 10	7 40	7 50	9 00	9 09	9 21	9 36
						寝台列車	寝台列車		寝台列車	寝台列車		「金星」は寝台列車

客から喜ばれた。

153系電車急行の大増発で、自由席が大半を占める東海道本線の急行輸送力は大いに改善されたが、それでも昼行は年間を通して高い乗車率を誇り、多客期には始発駅でも座席の確保は難しかった。その代表格は東京・大阪とも急行群の先頭に立つ「六甲」だった。

この1961年10月改正での、東京～大阪間優等列車の時刻を時刻表―⑤に示す。電車急行は電報使用の便宜を図るため、特に昼行は関西に因んだ6通りの列車名が付けられていたが、編成はすべて1961年3月当時と同一であるため、省略させていただく。

04-3 広島電化の「宮島」東京進出で「やましろ」廃止

東海道本線の電車優等列車が我が世の春を謳歌できるのは、「サン・ロク・トオ」改正時点から新幹線開業まで3年の限定期間が付けられていたが、その間も電化や利用客の伸び、さらに旅客の趣向の変化もあり、小規模なダイヤ改正が何度か実施される。

山陽本線の電化は1960年10月に倉敷、1961年10月改正では三原にまで達し、三原～広島間は1962(昭和37)年6月10日に竣工。同日のダイヤ改正で、東京から広島へは特急「第1―第2つばめ」1往復が昼行で、急行「宮島」2往復は東海道内昼行と夜行で各1往復ずつ直通する。「第2宮島」(上下とも)が昼行運転になる大阪～広島間だけが新設で、他は改正前の東京～大阪間と大阪～広島間列車の同格列車を結合した列車だった。「宮島」の列車名は、それまでの大阪～広島間気動車急行から、東京～広島間2往復のロングランの電車列車に躍進する。しかし、そのあおりで「やましろ」は列車名が廃止され、「よど」も夜行の「第2よど」のネームが三角トレードの形で消滅し、昼行列車は号数番号を失う。列車名としては後発組の悲哀で、特に「やましろ」は在位期間が8ヶ月余りに過ぎなかった。

1962年6月改正は、全体としては挿入式もいいところだが、東京～広島間電車優等列車の列車番号は2000番台とされたため、東京～大阪間での電車優等列車は特急を含むその過半数が、列車名や列車番号の変更を味わうことになる。その詳細については、表―4に示す。

この改正で、広島直通の特急「つばめ」と急行「宮島」の上り列車は、山陽本線瀬野～八本松間の22.5‰連続勾配を自力走行するには難があるため、

表-4 1962(昭和37)年6月10日改正前後における東海道本線優等列車の配列

	改正前					改正後					備考
上下	東京発時刻	列車番号	種別	列車名	行先	東京発時刻	列車番号	種別	列車名	行先	
下り	9:00	3M	特急	第1つばめ	大阪	9:00	2003M	特急	第1つばめ	広島	広島延長(広島着20:10)
	9:30	103M	急行	やましろ	〃	9:30	2101M	急行	第1宮島	〃	広島延長(広島着22:10)
	10:00	105M	急行	いこま	〃	10:00	103M	急行	いこま	大阪	
	10:50	107M	急行	第1なにわ	〃	10:50	105M	急行	第1なにわ	〃	
	12:20	109M	急行	第1せっつ	〃	12:20	107M	急行	第1せっつ	〃	
	13:00	5M	特急	はと	〃	13:00	3M	特急	はと	〃	
	14:00	111M	急行	第1よど	〃	14:00	109M	急行	よど	〃	号数番号消滅
	14:30	7M	特急	第2こだま	〃	14:30	5M	特急	第2こだま	〃	
	15:30	2003M	特急	第2富士	神戸	15:30	2005M	特急	第2富士	神戸	
	16:30	9M	特急	第2つばめ	大阪	16:30	7M	特急	第2つばめ	大阪	
	20:10	113M	急行	第2せっつ	〃	20:10	2103M	急行	第2宮島	広島	広島延長(広島着10:55)
	21:20	115M	急行	第2なにわ	〃	21:20	111M	急行	第2なにわ	大阪	
	22:30	117M	急行	第2よど	〃	22:30	113M	急行	第2せっつ	〃	
上下	大阪発時刻	列車番号	種別	列車名	行先	大阪発時刻	列車番号	種別	列車名	行先	
上り	8:00	2004M	特急	第2富士	東京	8:00	2006M	特急	第2富士	東京	
	9:30	104M	急行	やましろ	〃	9:30	104M	急行	第1なにわ	〃	
	12:30	108M	急行	第1なにわ	〃	12:30	2102M	急行	第1宮島	〃	広島延長(広島発 7:25)
	13:20	110M	急行	第1せっつ	〃	13:20	108M	急行	第1せっつ	〃	
	14:00	112M	急行	第1よど	〃	14:00	110M	急行	よど	〃	号数番号消滅
	14:30	8M	特急	第2こだま	〃	14:30	2004M	特急	第2つばめ	〃	広島延長(広島発 9:45)
	16:30	10M	特急	第2つばめ	〃	16:30	8M	特急	第2こだま	〃	
	20:05	113M	急行	第2せっつ	〃	20:15	2104M	急行	第2宮島	〃	広島延長(広島発14:55)
	21:45	116M	急行	第2なにわ	〃	21:45	112M	急行	第2なにわ	〃	
	22:45	118M	急行	第2よど	〃	22:45	114M	急行	第2せっつ	〃	

列車後部に補機のEF61（またはEF60）を連結して押し上げる運転方式がとられた。「宮島」用のクハ153は密着連結器のため、機関車との間には控え車としてオヤ35が付いての運転だった。

04-4 1964年3月に上り急行の一部がスピードダウン

東海道本線完結の夜行急行列車は「サン・ロク・トオ」改正では、客車寝台列車が5往復、電車の輸送力列車が3往復の運転だったが、東京～大阪間を行き来するビジネス客は、就眠時間を移動に使える寝台列車をこぞって利用する（というよりは、企業側からさせられる）ため、寝台列車は年間を問わず、常に切符が入手難の状況が続いていた。

そこで、1962（昭和37）年6月10日改正で、不定期の電車急行「第2六甲」（上下とも）が、寝台急行「あかつき」に立て替えられ、同年10月1日から定期化されるが、夜行利用客の需要に応えるまでにはいかなかった。そのため、1年後の1963（昭和38）年10月1日改正で、国鉄は電車急行「第2なにわ」（上下とも）の運転を取り止め、寝台急行「すばる」を新設する。これにより、東海道本線内完結の寝台急行は7往復になる。今風にいえば“ななつ星in東海道”である。

しかし、寝台急行1往復を増発するにしても、東海道本線ではすでに「サン・ロク・トオ」でダイヤは筒一杯であるため、下り「すばる」は不定期の「第2いこま」、上り「すばる」は「第2宮島」に類似したスジに入れ、「第2宮島」は姫路～東京間の不定期急行「はりま」のスジを借用するといった煩雑さだった。これだけでは、旧「第2なにわ」のスジは浮いてしまうが、そこには上下とも「第2いこま」が入り、不定期列車とはいうものの、実際には毎日運転された。

この1963年10月改正後の11月9日、21時51分頃、鶴見～横浜間（京浜東北線を含め3複線）で下り貨物列車の後部貨車3両が脱線。線路をふさいだところへ上下の横須賀線電車がほぼ同時に進入してきたことで、三重衝突となり、死者161名、負傷者120名の大惨事になる。これにより、貨車の脱線原因が調査されるとともに、東海道本線の過密ダイヤも問題視された。

それにより、1964（昭和39）年3月20日改正では、東海道本線列車の本数は現状を維持するものの、ダイヤに余裕を持たせるため、一部の上り電車急行で先行する準急の追い抜きを取り止めたため、時刻表―⑥のように列車によっては大阪～東京間到達時分が6～30分もダウンする。結局、これが東海道在来線黄金時代最後のダイヤとなる。

東海道本線では、その1ヵ月後の4月24日、東京発宇野行き特急「第1富士」が草薙～静岡間の古庄踏切に差しかかったところ、直前横断のダンプカーに衝突して先頭から6両目までが脱線。予備車がないため、7月1日に全特急が所定編成に戻るまで、161・157系のほか、153系の急行用編成も動員された。これの詳細については、別の機会に譲りたい。東海道電車優等列車は最後の半年間は受難続きだったが、153系については1両の戦列離脱車もなく、最後まで責務を全うした。

2011T 東京発大阪行き急行「せっつ」153系電車12連　小田原　1961.5.28
撮影：林嶢

1961年3月から名実共に急行にふさわしい列車となった「せっつ」。1961年10月改正からは夜行との2往復になり、列車人生を全うした。

時刻表-⑥　東京〜大阪間急行列車・時刻の変遷 (6)

列車番号	1M	9M	2001M	101M	2003M	2101M	103M	105M	31	107M	33	3M	109
種別	特急	特急	特急	急行	特急	急行	急行	急行	急行	急行	急行	特急	急行
列車名	第1こだま	ひびき	第1富士	六甲	第1つばめ	第1宮島	いこま	なにわ	霧島	第1せっつ	雲仙・西海	はと	よと
連結車種	ロテ・シ		ロテ・シ	ビ	ロテ・シ	ビ	ビ	ビ	ハネ・シ	ビ	ハネ・シ	ロテ・シ	ビ
東京 発	7 00	7 45	8 00	8 30	9 00	9 30	10 00	10 50	11 00	12 20	12 30	13 00	14 0
横浜 〃	7 22	8 07	8 22	8 55	9 22	9 56	10 26	11 14	11 27	12 46	12 57	13 22	14 2
小田原 〃	↓	↓	↓	9 41	↓	10 38	11 11	11 58	12 13	13 29	13 42	14 01	15 0
熱海 〃	8 18	9 07	9 18	10 02	↓	11 00	11 32	12 18	12 35	13 50	14 04	↓	15 3
沼津 〃	↓	↓	↓	10 22	10 32	11 19	11 52	12 36	↓	14 10	14 24	14 34	15 5
静岡 〃	9 10	9 59	10 09	11 02	11 09	12 04	12 34	13 19	13 42	14 52	15 13	15 11	16 4
浜松 〃	↓	↓	↓	12 02	↓	13 02	13 34	14 20	14 46	15 49	16 16	↓	17 3
豊橋 〃	↓	↓	↓	12 33	↓	13 29	14 01	14 48	15 16	16 16	16 46	↓	18 0
名古屋 着	11 13	12 01	12 11	13 27	13 11	14 24	14 53	15 44	16 09	17 10	17 39	17 13	18 5
名古屋 発	11 16	12 04	12 14	13 30	13 14	14 27	14 56	15 47	16 16	17 18	17 44	17 16	18 5
岐阜 〃	↓	12 25	12 35	13 53	↓	14 50	15 19	16 10	↓	17 41	18 08	↓	19 2
米原 〃	↓	↓	↓	↓	14 12	15 33	↓	16 54	↓	18 22	↓	↓	20 0
京都 着	12 58	13 48	13 58	15 25	14 59	16 25	16 52	17 48	18 15	19 16	19 44	18 59	20 5
大阪 〃	13 30	14 20	14 30	16 00	15 30	17 00	17 25	18 20	18 53	19 50	20 21	19 30	21 3
終着			宇野		広島	広島			鹿児島		長崎		
			17 20		20 10	22 10			13 35		11 43		
記事											佐世保着		
											10 56		

列車番号	34	2M	2006M	102M	36	4M	104M	32	106M	2102M	6M	108M	110
種別	急行	特急	特急	急行	急行	特急	急行	急行	急行	急行	特急	急行	急行
列車名	雲仙・西海	第1こだま	第1富士	六甲	高千穂	第1つばめ	なにわ	霧島	いこま	第1宮島	はと	第1せっつ	よと
連結車種	ハネ・シ	ロテ・シ	ロテ・シ	ビ	ハネ・シ	ロテ・シ	ビ	ハネ・シ	ビ	ビ	ロテ・シ	ビ	ビ
始発	長崎		神戸		西鹿児島			鹿児島		広島			
	15 02		7 30		12 00			15 55		7 25			
大阪 発	6 39	7 00	8 00	8 30	8 40	9 00	9 30	10 22	11 00	12 30	13 00	13 20	13
京都 〃	7 19	7 32	8 32	9 04	9 26	9 32	10 02	11 04	11 33	13 04	13 32	13 54	14
米原 〃	8 21	↓	↓	↓	10 27	10 17	10 54	↓	↓	13 56	↓	14 46	15
岐阜 〃	9 03	↓	9 52	10 35	11 08	↓	11 33	↓	13 06	14 33	↓	15 25	16
名古屋 着	9 28	9 12	10 13	10 59	11 32	11 13	11 57	13 05	13 30	14 58	15 11	15 49	16
名古屋 発	9 34	9 12	10 16	11 02	11 40	11 16	12 00	13 12	13 33	15 01	15 14	15 52	16
豊橋 〃	10 27	↓	↓	11 56	12 33	↓	12 56	14 05	14 26	15 58	↓	16 45	17
浜松 〃	11 00	↓	↓	12 29	13 05	↓	13 25	14 38	14 53	16 28	↓	17 15	17
静岡 〃	12 02	11 20	12 20	13 26	14 06	13 19	14 25	15 41	15 53	17 28	17 18	18 16	18
沼津 〃	12 49	↓	↓	14 10	14 57	13 58	15 18	↓	16 35	18 12	17 56	19 09	19
熱海 〃	13 14	12 12	13 12	14 29	15 16	↓	15 42	16 46	16 55	18 29	↓	19 32	19
小田原 〃	13 36	↓	↓	14 51	15 37	↓	16 05	17 07	17 15	18 49	18 28	20 01	20
横浜 着	14 24	13 07	14 07	15 35	16 23	15 07	16 54	17 52	18 05	19 32	19 07	20 53	21
東京 〃	14 50	13 30	14 30	16 00	16 50	15 30	17 24	18 20	18 36	20 00	19 30	21 20	21
記事	佐世保発				日豊線経由								
	15 50												

東京〜大阪(神戸)間を相互始終着とする定期優等列車と「第2いこま」、並びに東京〜宇野間特急「富士」と東海道内昼行の東京〜九州間急行の時刻を掲載
連結車種欄　ロテ=パーラーカー、Aロネ=1等寝台車A室 、Bロネ=1等寝台車B室 、ハネ=2等寝台車、シ=食堂車、ビ=ビュフェ車
1等並びに2等座席車だけで組成される列車は省略

5M	35	2005M	7M	2103M	11	2013	13	1115M	15	2017	17	19	113M
特急	急行	特急	特急	急行	急行	急行	急行	急行	急行	急行	急行	急行	急行
こだま	高千穂	第2富士	第2つばめ	第2宮島	銀河	すばる	明星	第2いこま	彗星	あかつき	月光	金星	第2せっつ
・シ	ハネ・シ	ロテ・シ	ロテ・シ	ビ	ABロネ・ハネ	Bロネ・ハネ	ABロネ・ハネ	ビ	ABロネ・ハネ・ビ	ロネ・ハネ	ABロネ・ハネ	ハネ	ビ
4 30	14 35	15 30	16 30	19 30	20 40	20 50	21 10	21 20	21 40	21 50	22 00	22 10	22 30
4 52	15 02	15 52	16 52	19 57	21 11	21 19	21 42	21 53	22 14	22 22	22 34	22 42	23 04
↓	15 48	↓	↓	20 53	↓	22 21	↓	22 55	↓	↓	↓	23 48	0 09
↓	16 10	16 48	↓	21 21	22 40	22 50	23 15	23 28	23 52	24 00	0 05	0 20	0 40
5 48	16 29	↓	↓	21 45	↓	23 18	↓	23 57	↓	0 28	↓	0 51	1 07
39	17 17	17 39	18 38	22 41	0 14	0 24	0 45	0 55	1 19	1 25	1 38	1 46	2 09
7 32	18 22	↓	↓	23 56	1 36	1 47	2 04	2 18	2 40	2 53	2 59	3 24	3 33
↓	18 57	↓	19 56	0 36	↓	↓	↓	↓	↓	↓	↓	↓	4 16
3 43	19 57	19 41	20 43	1 44	3 32	3 46	4 03	4 10	4 29	4 47	4 55	5 25	5 35
3 46	20 05	19 44	20 46	1 47	3 41	3 52	4 11	4 19	4 38	4 50	5 02	5 30	5 45
↓	20 29	20 05	↓	↓	↓	↓	↓	4 48	↓	↓	↓	6 07	6 20
↓	↓	↓	↓	3 02	↓	↓	↓	5 48	↓	6 30	↓	7 18	↓
28	22 09	21 28	22 28	4 08	6 22	6 40	6 54	7 02	7 38	7 59	8 06	8 35	8 46
00	22 54	22 00	23 00	4 50	7 10	7 20	7 44	7 48	8 22	8 40	8 57	9 20	9 30
	西鹿児島	神戸		広島	神戸								
	19 50	22 30		10 25	7 45								
	日豊線経由				寝台列車	寝台列車	寝台列車	不定期	寝台列車	寝台列車	寝台列車	寝台列車	

04M	10M	2002M	8M	2104M	2014	2018	14	12	1116M	16	18	114M	22
特急	特急	特急	特急	急行	急行	急行	急行	急行	急行	急行	急行	急行	急行
つばめ	ひびき	第2富士	第2こだま	第2宮島	すばる	あかつき	明星	銀河	第2いこま	彗星	月光	第2せっつ	出雲・金星
・シ		ロテ・シ	ロテ・シ	ビ	Bロネ・ハネ	ロネ・ハネ	ABロネ・ハネ	ABロネ・ハネ	ビ	ABロネ・ハネ・ビ	ABロネ・ハネ	ビ	Bロネ・ハネ
島		宇野		広島				神戸					浜田
45		12 40		14 20				20 40					13 35
30	15 20	15 30	16 30	19 40	20 05	20 25	20 45	21 20	21 45	22 15	22 30	22 45	23 00
02	15 52	16 02	17 02	20 19	20 48	21 10	21 28	22 01	22 28	23 00	23 17	23 30	23 45
↓	↓	↓	↓	21 32	↓	22 33	↓	↓	23 48	↓	↓	↓	1 03
↓	17 12	17 21	↓	22 15	22 44	↓	↓	↓	0 37	↓	↓	1 42	↓
41	17 33	17 43	18 42	22 41	23 15	23 59	0 15	0 46	1 03	1 40	1 53	2 10	2 26
44	17 36	17 46	18 45	22 46	23 20	0 10	0 22	0 51	1 07	1 45	2 00	2 14	2 31
↓	↓	↓	19 32	0 02	↓	↓	↓	↓	↓	↓	↓	3 27	↓
56	↓	↓	↓	0 45	1 17	2 06	2 12	2 43	2 51	3 44	3 59	4 10	4 28
50	19 40	19 50	20 52	2 18	2 42	3 23	3 34	4 04	4 16	5 13	5 27	5 40	5 57
↓	↓	↓	↓	3 22	3 41	4 25	↓	↓	5 19	↓	↓	6 45	6 56
42	20 32	20 42	↓	3 47	4 09	4 52	5 04	5 32	5 42	6 50	6 57	7 11	7 25
↓	↓	↓	↓	4 15	↓	5 19	5 31	↓	6 09	↓	↓	7 41	7 53
37	21 27	21 37	22 37	5 09	5 45	6 27	6 36	7 05	7 17	8 26	8 35	8 47	9 00
00	21 50	22 00	23 00	5 40	6 20	7 00	7 10	7 35	7 50	9 00	9 09	9 21	9 36
					寝台列車	寝台列車	寝台列車	寝台列車	不定期	寝台列車	寝台列車		「金星」は寝台列車

04-5 筆者の東海道ビュフェ付き電車急行乗車記

1961(昭和36)年3月改正で、東海道電車急行に連結されたサハシ153ビュフェの寿司コーナーは、好評だったため、1961年10月改正では昼・夜行の定期9列車のほか、不定期列車も同様に各2両ずつ連結された。東海道線のビュフェ営業担当会社は1961年10月改正から複数営業が廃止され、全列車とも日本食堂となる。

同改正後も寿司コーナーは、相変わらずの人気を集めていたが、営業サイドとしては従来の食堂車やビュフェの喫茶・軽食コーナーにはない新たな問題が生じていた。主なものとしては、鮮度が要求される寿司種の品質維持と、寿司職人の確保、揺れる車内で包丁を握る機会の多い寿司職人の安全性などで、中でも寿司職人の補充は賃金との問題も絡んで追い付かなくなり、④号車の寿司コーナーは早い時期に車販基地に姿を変え、⑦号車だけで営業が行なわれるようになる。

筆者は中学2年生だった1963年の8月下旬に、2件の親戚宅を合わせ十数人で静岡方面へ観光旅行に出かけた際、大阪～清水間を急行「六甲」に乗車した。大阪では入線の1時間近く前にホームに着いたが、すでにどの乗車位置にも多くの客が並んでおり、筆者たちが目指した位置にもすでに30人以上の客が並んでいた。行列は列車入線直前には50名を優に超える人数になり、車両の扉が開くや否や壮絶な座席の争奪戦が始まった。運よく全員が何とか座席を確保できたが、ボックスを家族で占領とはいかず、筆者などは一人だけで見知らぬ人たちとの相席だった。しかし、父親たちは旅慣れているのか、大阪発車後に他の席に座っている人たちと交渉してくれたので、京都に着く頃には3家族とも同じボックスシート内か、その近くの座席に座ることができた。大阪～東京間急行は大阪で座れなければ、蒲郡付近まで着席がまず無理なので、京都からの利用客は、わざわざ大阪にまでやってきてホームに並ぶのが常識という時代だった。

名古屋を発車した後は、従兄や弟たちと車内見学も兼ね、ビュフェまで食事体験に出かけたが、ビュフェ内は乗車していた⑩号車よりも混雑していて、通路を歩くのは至難の業で、寿司コーナーの雰囲気など味わう余裕などはなく、ものの2、3分で退散してしまった。ビュフェ内の通路は構造上1m強しか幅がなく、しかも両側にはカウンターがあるので、食事客で定員？一杯になれば歩行は困難である。そこに動かない客が立っておれば、断って少しだけでも隙間をつくってもらって、食事の機会をうかがうところだが、中学生ではそういう度胸もなく、数分で退散した。通路での立ち客の中には週刊誌を折って読んでいる人も何人かいたので、「どうせ立つのなら、冷房の利いたビュフェの方がいい。」とばかり、長居を決めていたものと思われる。

東海道の153系急行には、新幹線開業後の1966(昭和41)年夏休みの7月26日にも、夜行急行「いこま」で大阪～富士間を利用した。この時は同好の士である高校の同級生と2人での"関東遠征"で、列車は大阪発車の時点で90%ほどの利用率だった。夜のビュフェの様子も気になっていたので、京都発車後、⑦号車に出かけてみたが、寿司コーナーには団体旅行客と思われる7、8名の中高年男性が、酒やビールを飲みながら楽しそうに騒いでいるので、邪魔をしてもいけないと思い、すぐに自分たちの座席に引き返した。筆者がアルコールを口にするようになるのは、それから5年を経てからのことだが、その頃には東海道本線から153系急行は姿を消していた。他線区のビュフェ車連結電車急行も、夜行ではその大半が営業を休止していたので、晩酌がてらにビュフェを利用する機会はなかった。

急行「宮島」153系電車12連　岡山　1962. 7. 1
撮影：荻原二郎

山陽本線に進出した153系。これにより、ビュフェで寿司を賞味することのできる区間は広島にまで拡大された。

05 新幹線開業後の東京〜大阪間電車急行

05-1 新幹線開業も急行は過半数が存続

1964(昭和39)年10月1日、東海道新幹線東京〜新大阪間が開業。同区間を途中名古屋・京都停車の4時間で結ぶ超特急「ひかり」と、各駅停車で所要5時間の特急「こだま」が、日中概ね1時間ヘッドダイヤでの運転を開始する。両列車とも、到達時分が計画時よりも1時間遅かったのは、工事期間との関係で路盤に軟弱な区間があり、徐行運転を強いられるのが最大の理由だった。

新幹線開業により、"複々線区間の低速線"となる東海道本線東京〜大阪間では、昼行優等列車のうち電車特急が全廃となるものの、電車急行は過半数に当たる4往復が、九州直通急行3往復も廃止されることなく存続する。東海道完結の夜行も「第2いこま」を含む5往復が残存した。時刻等の詳細は時刻表—⑦の1964.10.1部分をご覧いただければお分かりかと思うが、東海道本線内は従前の急行利用客にとって、さほど困らないダイヤだった。

在来線にこれだけの急行が残された背景には、新幹線は従来では考えられない高速運転を行なうため、万一脱線事故でも起これば大変という不安感で、151系特急の常連客の一部にも、当面は新幹線利用を"自粛"する向きがあったが、それよりも、新幹線開業前は「国鉄特急は選ばれた人たちの乗り物で、庶民はせいぜい急行」という考えが強く支配していたことも大きかった。つまり、新幹線が開業すれば、それまでの特急利用客の大半が新幹線列車に移行しても、急行・準急利用客はそうはいかないという見方が国鉄部内にあったのだ。

筆者は前章で1963(昭和38)年8月の静岡方面観光旅行の際、急行「六甲」を利用した話に触れた。中学生になって以来、書店で鉄道趣味誌を立ち読みすることで知識を得るなど、鉄道にはかなりの興味を抱いていたので、151系特急に対する憧れは強く、旅行前に「静岡へは特急で行きたい。」と父に交渉したが、返ってきた言葉は、「何言うとるんや。あれはええし(関西弁で両家のお金持ち)が乗る列車や。うちは急行で十分。」と、相手にされなかった。

実際に、筆者が住んでいた地域は大阪府内でも郡部に位置する古くからの集落なので、その中の家々には家柄や社会的地位などによって、中学生の年齢では想像もできないような"ランク"が存在していたわけで、それからすれば、拙宅はええしではなかった。

旅行直前まで、「静岡(清水)までは急行で行くんやから、300円余分に払えば、大阪駅ではようから並ばんでも冷房の付いた快適な列車に乗れるのに。うちにもそれくらいの金はあるはずやのに、親父はけちやなぁ。」と嘆いたが、60年近くも前の時代における特急は、お金さえ支払えば乗車できるような存在ではなかったのである。

それはさておき、開業当初は安全面が危惧されていた新幹線も、さほど日が経たないうちにスピードの魅力はもちろんのこと、安全性と快適性が評判を呼び、東京〜静岡間や名古屋〜新大阪間など、それまで準急や私鉄特急の利用がメインだった区間の乗客をも奪っていく。1965(昭和40)年3月20日から、それまで全車座席指定制だった国鉄特急のうち、新幹線「こだま」に初めて自由席が設定される。現在にまでいたる特急大衆化の始まりであり、この日を期して特急は「選ばれた人たちの乗り物」ではなくなったのである。

時刻表-⑦　東京～大阪間急行列車・時刻の変遷 (7)

	1964(昭39).10. 1										
列車番号	101M	103M	31	105M	33	107M	35	11	13	19	15
種別	急行	急行	急行	急行	急行	急行	急行	急行	急行	急行	急行
列車名	六甲	いこま	霧島	なにわ	雲仙・西海	よど	高千穂	銀河	明星	金星	月光
連結車種	ビ	ビ	ハネ・シ	ビ	ハネ・シ	ビ	Bロネ・ハネ・シ	ABロネ・ハネ・ビ	ABロネ・ハネ	ハネ	ABロネ・ハネ
東京 発	8 30	10 00	11 00	12 20	12 30	14 00	14 35	20 40	21 30	21 40	22 00
横浜 〃	8 55	10 26	11 27	12 46	12 57	14 25	15 02	21 11	22 03	22 14	22 34
小田原 〃	9 41	11 11	12 13	13 29	13 42	15 09	15 48	↓	23 10	↓	↓
熱海 〃	10 02	11 32	12 34	13 50	14 04	15 31	16 10	22 41	23 42	23 52	0 05
沼津 〃	10 22	11 52	↓	14 10	14 24	15 50	16 29	↓	↓	0 17	↓
静岡 〃	11 03	12 34	13 42	14 52	15 15	16 33	17 17	0 24	1 01	1 19	1 39
浜松 〃	12 00	13 35	14 46	15 49	16 16	17 30	18 22	1 44	2 31	2 40	2 59
豊橋 〃	12 30	14 01	15 16	16 16	16 46	17 56	18 54	↓	↓	↓	↓
名古屋 着	13 27	14 53	16 09	17 13	17 39	18 49	19 58	3 35	4 24	4 29	4 55
名古屋 発	13 30	14 56	16 15	17 16	17 43	18 52	20 05	3 40	4 30	4 38	5 02
岐阜 〃	13 53	15 19	↓	17 41	18 07	19 14	20 29	↓	↓	5 14	5 38
米原 〃	↓	↓	↓	18 22	↓	19 57	↓	↓	6 07	6 17	↓
京都 着	15 25	16 52	18 15	19 14	19 44	20 54	22 09	6 20	7 29	7 37	8 06
大阪 〃	16 00	17 27	18 53	19 50	20 21	21 30	22 54	7 07	8 14	8 22	8 57
終着			鹿児島		長崎		西鹿児島	神戸			
			13 35		11 44		19 53	7 45			
記事					佐世保着		日豊線経由	寝台列車	寝台列車	寝台列車	寝台列
					10 57						

	1964(昭39).10. 1										
列車番号	34	102M	36	104M	32	106M	108M	14	12	1116M	16
種別	急行	急行	急行	急行	急行	急行	急行	急行	急行	急行	急行
列車名	雲仙・西海	六甲	高千穂	なにわ	霧島	いこま	よど	明星	銀河	第2いこま	月光
連結車種	ハネ・シ	ビ	ハネ・シ	ビ	Cロネ・ハネ・シ	ビ	ビ	ABロネ・ハネ	ABロネ・ハネ	ビ	ABロネ・ハネ
始発	長崎		西鹿児島		鹿児島				神戸		
	15 00		11 50		15 52				20 40		
大阪 発	6 38	8 30	8 40	9 30	10 22	11 00	13 50	20 45	21 20	21 45	22 3
京都 〃	7 19	9 04	9 27	10 02	11 04	11 33	14 27	21 28	22 01	22 28	23 1
米原 〃	8 19	↓	10 26	10 54	↓	↓	15 21	22 53	↓	23 48	↓
岐阜 〃	9 03	10 35	11 09	11 33	12 40	13 06	16 02	↓	0 12	0 37	↓
名古屋 着	9 28	10 59	11 32	11 57	13 05	13 30	16 26	0 15	0 46	1 03	1 5
発	9 34	11 02	11 40	12 00	13 13	13 33	16 29	0 22	0 51	1 07	2 0
豊橋 〃	10 27	11 56	12 33	12 56	14 06	14 26	17 25	↓	↓	↓	↓
浜松 〃	11 00	12 26	13 05	13 24	14 38	14 54	17 56	2 14	2 43	2 51	3 5
静岡 〃	12 03	13 23	14 06	14 25	15 41	15 53	18 56	3 34	4 04	4 16	5 2
沼津 〃	12 49	14 10	14 57	15 18	↓	16 35	19 36	↓	↓	5 19	6 3
熱海 〃	13 14	14 29	15 16	15 42	16 46	16 55	19 56	5 04	5 32	5 42	6 5
小田原 〃	13 36	14 51	15 37	16 05	17 07	17 15	20 17	5 31	↓	6 09	↓
横浜 着	14 24	15 35	16 23	16 54	17 52	18 05	21 04	6 36	7 05	7 17	8 3
東京 〃	14 50	16 00	16 50	17 24	18 20	18 36	21 30	7 10	7 36	7 50	9 0
記事	佐世保発		日豊線経由					寝台列車	寝台列車	不定期	寝台列
	15 50										

東京～大阪(神戸)間を相互始終着とする定期優等列車と「第2いこま」(1965.10.1からは「いこま」)、並びに東海道内昼行の東京～九州間急行の時刻を掲載
連結車種欄　Aロネ=1等寝台車A室 、Bロネ=1等寝台車B室 、ハネ=2等寝台車、シ=食堂車、ビ=ビュフェ車
1等並びに2等座席車だけで組成される列車は省略

05-2 1965年10月改正で急行も大幅減便

東海道新幹線開業1年後の1965(昭和40)年10月1日、新幹線利用客の増加で従来のダイヤでは対処ができなくなったことや、東北・鹿児島・北陸など主要幹線の電化が進んだことで、1961年10月以来の白紙ダイヤ改正が実施される。こと新幹線については、11月1日から「ひかり」の東京～新大阪間3時間10

	1965(昭40).10. 1								1968(昭43).10. 1		
115M	101M	31	33	35	103M	101	9109M	103	31	101	103
急行	急行	急行	急行	急行	急行	急行	急行	急行	急行	急行	急行
2いこま	第1なにわ	雲仙・西海	高千穂	霧島	第2なにわ	明星	いこま	銀河	霧島・高千穂	銀河1号	銀河2号
ビ	ビ	ハネ・シ	Bロネ・ハネ・シ	ハネ・シ	ビ	ABロネ・ハネ	ビ	Bロネ・ハネ	シ	Bロネ・ハネ	Bロネ・ハネ
22 35	9 30	10 30	11 30	12 30	13 30	21 00	21 45	22 40	11 10	21 45	22 40
23 07	9 59	10 58	11 58	12 58	13 57	21 32	22 16	23 11	11 38	22 15	23 10
0 19	10 44	11 43	12 43	13 43	14 43	22 37	23 23	0 11	12 24	23 15	0 11
0 49	11 05	12 05	13 05	14 05	15 05	23 07	23 55	0 44	12 45	23 40	0 39
1 18	11 27	12 24	13 24	14 25	15 26	23 34	0 24	↓	13 05	0 07	↓
2 21	12 11	13 12	14 12	15 12	16 12	0 37	1 22	2 15	13 53	0 59	1 45
3 37	13 16	14 19	15 16	16 16	17 16	2 00	2 42	3 45	14 56	2 14	3 10
↓	13 46	14 55	15 46	16 46	17 45	↓	3 23	4 26	15 25	↓	3 44
5 28	14 43	15 50	16 39	17 41	18 40	3 51	4 30	5 36	16 18	3 53	4 48
5 45	14 47	15 55	16 44	17 46	18 45	3 56	4 42	5 41	16 23	3 58	4 53
6 18	15 11	16 21	17 11	18 11	19 14	4 26	5 15	↓	16 49	4 28	↓
7 16	15 54	↓	↓	↓	19 58	↓	6 10	↓	↓	5 22	↓
8 45	16 52	18 05	18 49	19 51	21 02	6 43	7 37	8 35	18 30	6 34	7 09
9 30	17 30	18 45	19 29	20 36	21 44	7 28	8 18	9 13	19 13	7 17	7 51
		長崎	西鹿児島	鹿児島				姫路	西鹿児島		姫路
		10 27	17 22	15 35				10 43	12 25		9 29
不定期		佐世保着	日豊線経由			寝台列車	臨時列車		大分回・西鹿着		
		9 45							15 25		

	1965(昭40).10. 1								1968(昭43).10. 1		
20	36	102M	34	32	104M	9110M	102	104	32	102	104
急行	急行	急行	急行	急行	急行	急行	急行	急行	急行	急行	急行
金星	霧島	第1なにわ	高千穂	雲仙・西海	第2なにわ	いこま	明星	銀河	霧島・高千穂	銀河1号	銀河2号
ハネ	ハネ・シ	ビ	Bロネ・ハネ・シ	ハネ・シ	ビ	ビ	ABロネ・ハネ	Bロネ・ハネ	シ	Bロネ・ハネ	Bロネ・ハネ
	鹿児島		西鹿児島	長崎				姫路	西鹿児島		姫路
	12 20		11 00	18 05				21 00	13 33		21 05
22 45	7 30	8 30	9 30	10 32	12 45	20 50	21 00	22 35	7 59	21 30	22 40
23 30	8 10	9 10	10 11	11 11	13 19	21 30	21 45	23 20	8 38	22 14	23 27
0 51	↓	10 09	↓	↓	14 19	22 50	↓	↓	↓	23 25	↓
1 42	9 49	10 51	11 49	12 49	15 00	23 44	0 00	↓	10 12	0 17	↓
2 10	10 15	11 15	12 17	13 13	15 27	0 15	0 30	2 00	10 37	0 44	1 57
2 14	10 20	11 20	12 22	13 18	15 31	0 22	0 35	2 07	10 42	0 49	2 07
↓	11 15	12 16	13 16	14 14	16 28	1 34		3 25	11 35		3 28
4 13	11 48	12 49	13 48	14 48	16 59	2 11	2 23	4 18	12 06	2 33	4 17
5 40	12 50	13 50	14 49	15 49	18 00	3 39	3 52	5 59	13 06	3 51	5 54
6 45	13 35	14 37	15 35	16 36	18 47	4 45		7 00	13 56	4 47	7 02
7 11	13 56	14 56	15 56	16 56	19 06	5 09	5 24	7 29	14 15	5 09	7 30
7 41	14 17	15 17	16 17	17 17	19 27	5 36	5 53	7 56	14 36	5 35	7 57
8 47	15 04	16 04	17 04	18 04	20 12	6 41	6 57	8 57	15 23	6 33	9 00
9 21	15 30	16 30	17 30	18 36	20 42	7 15	7 30	9 33	15 56	7 05	9 39
台列車				佐世保発		臨時列車	寝台列車		大分回・西鹿発		
				18 55					15 25		

分運転が開始されるため、列車増発は10月1日と11月1日の2度という、変則的な実施になる。

東海道本線列車の新幹線移行は、1年間の間に夜行を含め予想以上に進んだことで、昼行急行は東京〜九州間の3往復が現状維持で残されたものの、4往復あった東京〜大阪間電車急行は2往復に削減。列車名も「なにわ」に統合される。さらに「なにわ」では区間旅客の便宜を図るため、途中停車駅を従前の19〜22から26に追加する措置がとられる。結果として起終点間のスピードダウンは免れず、4列車での平均到達時分は8時間03分に後退する。もはや客車急行並みで、「サン・ロク・トオ」改正以来の7

時間30分運転は、新幹線列車の前には望むべくもなかった。

昼行列車ではこのほか、改正前6往復設定されていた東京〜名古屋／大垣間準急「東海」は4往復に、同じく名古屋〜大阪／神戸間で8往復の本数を誇っていた「比叡」も4往復に減便された。

「いこま」を含む夜行急行も同様に、改正前の5往復から3往復に削減される。だが、周遊券利用を含むエコノミー指向客の間からは、2等座席車の人気が根強いこともあって、東京〜姫路間運転となった「銀河」は、編成中半数以上が2等座席指定車に置換えられる。当時は周遊券利用者でも指定料金100円を追加するだけで利用できたので、のちの関西〜九州間夜行急行全列車の座席指定席化のように、利用客から非難を浴びることはなかった。1964年10月改正以来、臨時列車扱いになった「いこま」も、実際には定期列車同様にほぼ毎日運転されたため、利用客から重宝にされた。

05-3 東京〜大阪間電車急行の終焉

東京〜大阪間電車急行用の153系は、1961（昭和36）年3月の「なにわ」電車化以来一貫して、サロ・サハシ2両連結の12両編成で運用されてきたが、1965（昭和40）年10月改正後、東海道本線はもとより、共通運用の関西〜山陽間などでもビュフェ利用率が芳しくないため、1968（昭和41）年6月からは④号車のサハシ153を抜き取り、次のような11両編成になる。

捻出されたサハシ153は、同年10月改正から上野〜長野／直江津間急行「信州」「妙高」用として運転予定の169系の編成に挿入するため、信越本線横川〜軽井沢間でEF63との協調運転用の機器類が取り付けられるとともに、寿司コーナーはそばコーナーに変更され、形式もサハシ169になる。

こうして、1965（昭和40）年10月の列車削減後も東海道本線で活躍してきた153系電車急行も、新幹線のスピードアップと増発等で、直通旅客はめっきり少なくなる。これは、同じ昼間の時間帯を走る九州直通急行も同じだった。

そして迎えた1968（昭和43）年10月1日改正で、東京〜大阪間電車急行は夜行の「いこま」を含め全廃。東京〜九州間直通急行は周遊券利用客や、高齢者層から数は多くないものの、無視できない需要があるため、東京〜西鹿児島間を九州入り口の門司で博多・熊本経由と大分・宮崎経由の2ルートに分かれて走る「霧島・高千穂」に1本化され、細々と残る。夜行急行は客車列車の2往復が「銀河」として存続し、両列車とも2等座席車を連結。特に東京〜姫路間の「銀河2—2号」には自由席車も連結され、「いこま」利用客へのフォローがなされた。

1966（昭和41）年3月5日から急行に格上げされた「東海」と「比叡」は、この改正では4往復が存続するが、「東海」のうち2往復の運転区間が東京〜静岡間に短縮された事実は、東京〜名古屋間旅客の新幹線移行が着実に進んでいることを物語っていた。

153系電車急行「なにわ」が東海道本線上から姿を消して以来、早くも半世紀以上の年月を経過した。今や新幹線開業以前の東海道本線の姿を知る者は、ほとんどが還暦以上の世代である。全国の主要在来線もその多くが新幹線鉄道に生まれ変わった現在では、在来線特急も小振りとなり、急行にいたっては定期列車が消滅している。こうした現状からすると、長大編成の153系電車が中間の2連サロの両脇をサハシ153で固めていた頃が、まさに電車急行にとっての黄金時代であり、その編成美はすばらしいものだった。その姿は今や模型か写真でしか振り返ることができないが、筆者も当時を知る者の一人として、拙い文章ではあるが、鉄道文化として後世に伝えることができれば幸いである。

急行なにわ・いこま　宮島・関門・比叡（1968.6現在）

← 広島・下関方　　　　大阪・東京方 →

①	②	③	④	⑤	⑥	⑦	⑧	⑨	⑩	⑪
自2等	自2等	自2等	自1等	指1等	自2等・ビ	自2等	自2等	自2等	自2等	自2等
クハ153	モハ152	モハ153	サロ163/165	サロ163/165	サハシ153	モハ152	モハ153	モハ152	モハ153	クハ153

06 東京〜大阪間 急行用153系の残像

06-1 急行と準急とで、編成が厳格に分けられていた153系

153系電車は、第3章でも述べたように、東京〜名古屋間と名古屋〜大阪間の客車準急を置き換える目的で製造されたため、設備的には準急形の域を出なかったが、時代の要請で急行での運転が待望されるようになり、当初の計画になかったリクライニングシートの1等車・サロ152と、ビュフェ付き車・サハシ153が落成する。そのため、「なにわ」電車化の1961(昭和36)年3月当時から、153系の中にはサロ152とサハシ153付きの急行用編成と、供食設備はなく1等車も旧並ロクラスのサロ153を連結した準急用編成とが並立するのが、153系ならではの特徴であった。

しかも、東海道本線内にあって153系は、急行用が一時期を除き大阪鉄道管理局の宮原電車区、準急用は宮原区のほか、名古屋局の大垣電車区と東京局の田町電車区といったように、用途によって車両がそれぞれの基地に配置されていた。そして、双方の編成を受け持つ宮原区でも、急行用と準急用の車両運用は歴然と分けられていた。そのため、大垣区の準急「東海」や田町区の湘南・伊豆準急は、1965年から1967年にかけて1等車がリクライニングシート車に置換えられるものの、最後までサハシ153が連結されることはなかった。この章では東京〜大阪間急行以外に、サロ152(のちサロ163やサロ165に置き換え)とサハシ153が連結された153系急行編成の列車を追っていくことにする。

06-2 153系では最もビュフェ営業期間が長かった名阪準急

1960年代前半から半ばにかけて、食堂車に代わる新しい供食形態として注目を集め、東海道以外にも山陽・九州(鹿児島・日豊)・北陸・中央・信越・上越・東北各線の電車急行に連結されたビュフェ付き車両だが、新幹線開業による列車廃止や、特急への格上げ、あるいは利用客の減少などで、1976(昭和51)年11月末の中央東線と信越本線を最後に全列車の営業が休止された。そのため、国鉄史上でビュフェ付きの急行形電車が活躍したのは、15年余りに過ぎず、路線別では東北本線と中央東線の11年0ヵ月が最長である。

その中で、形式を153系に限定し、最も長い期間ビュフェ付き車両営業を続けた列車を探すと、名古屋〜大阪間で活躍した準急「伊吹」とそれを継承した準急〜急行「比叡」で、それでも稼働期間は9年と7ヵ月である。

「比叡」の前身にあたる東海道本線名阪間準急は、まだ蒸気時代の1952(昭和27)年9月に登場。1957(昭和32)年10月の80系電車化に際し，一挙に3往復に増発され、11月には「比叡」の列車名が付けられるなど、同区間の主力列車に躍進。翌1958(昭和33)年10月改正では5往復となり、1959(昭和34)年4月から6月にかけて153系での運転になる。サロ153・1両を連結した10両編成で、当初からヘッドマークが付けられていた。

この準急「比叡」は、名阪間で並走する近鉄特急

を意識してか、同区間を2時間40分台の俊足で結び、安い準急料金で乗車できることで、利用客からの支持を得ていた。そこで、電車急行「せっつ」が運転を開始した1960年6月改正で、「比叡」は6往復に増発される一方、名古屋～大阪／神戸間のビジネス向け時間帯に、座席指定準急「伊吹」2往復が新設される。料金こそ急行と同額になるが、名阪間を「比叡」はもとより、「せっつ」よりも速い2時間25分で結び、まさに“特別準急”な存在だった。

急行「なにわ」の電車化が実施された1961年3月改正では、「なにわ」用153系は大阪での間合いを利用して、下り「第1伊吹」と上り「第2伊吹」にも使用される。2両のビュフェも営業され、朝方の下りはモーニングセットの朝定食、夜間の上りは熱燗やビールと一緒に寿司を求める利用客が多く、喫茶・軽食コーナー、寿司コーナーとも、繁盛したといわれる。

当時の153系急行用編成は、1日目に大阪を20:40に夜行の2018T「金星」で発ち、2日目の朝に東京に着くと、田町区で整備のあと、9:30の11T「なにわ」で大阪に戻り、その後19:10発の416T「第2伊吹」で名古屋へ行き、大垣電車区で滞泊。3日目は逆コースで名古屋を8:00発の403T「第1伊吹」で大阪へ、基地の宮原区で休む暇もなく大阪12:30発の12T「なにわ」で東上し、折返し22:05発の夜行2017T「金星」で4日目朝に帰阪。同日は大阪発14:00の2012T「せっつ」で東京へ行き、田町区で滞泊して5日目の8:14発2011T「せっつ」で大阪に戻り、その日は夜行の2018T「金星」で1日目と同じ行程に戻るという、合理的といえばそれまでだが、何ともハードな運用だった。電車の運転士は途中で交代だが、車掌や食堂従業員は、基本的に車両運用に合わせた勤務が組

時刻表-⑧　名古屋～大阪/神戸間153系電車準急「比叡」「伊吹」　時刻の変遷

年月日	上下	列車番号	種別	列車名	始終着駅とその時刻					※両数	備考
1961(昭36)3.1	下り	401T	準急	比叡1号	名古屋	7:30	→	大阪	10:12	⑩	
		403T	〃	第1伊吹	〃	8:00	→	〃	10:25	⑫B	全車座席指定・ビュフェ営業
		405T	〃	比叡2号	〃	8:30	→	〃	11:10	⑩	
		407T	〃	比叡3号	〃	10:00	→	〃	12:40	〃	
		409T	〃	比叡4号	〃	12:30	→	〃	15:10	〃	4月10日から運転
		411T	〃	比叡5号	〃	14:55	→	〃	17:34	〃	
		413T	〃	比叡6号	〃	16:25	→	〃	19:13	〃	
		415T	〃	第2伊吹	〃	18:10	→	神戸	21:12	〃	全車座席指定
		417T	〃	比叡7号	〃	20:10	→	大阪	22:52	〃	
	上り	402T	準急	第1伊吹	大阪	7:25	→	名古屋	9:50	⑩	全車座席指定
		404T	〃	比叡1号	神戸	7:15	→	〃	10:39	〃	
		406T	〃	比叡2号	大阪	11:00	→	〃	13:39	〃	
		408T	〃	比叡3号	〃	15:15	→	〃	17:53	〃	
		410T	〃	比叡4号	〃	16:40	→	〃	19:19	〃	
		412T	〃	比叡5号	〃	17:20	→	〃	19:59	〃	4月10日から運転
		414T	〃	比叡6号	〃	18:10	→	〃	20:40	〃	
		416T	〃	第2伊吹	〃	19:10	→	〃	21:35	⑫B	全車座席指定・ビュフェ営業
		418T	〃	比叡7号	〃	19:50	→	〃	22:31	⑩	
1961(昭36)10.1	下り	401M	準急	比叡1号	名古屋	7:30	→	大阪	10:13	⑩	
		403M	〃	第1伊吹	〃	8:00	→	〃	10:25	⑫B	全車座席指定・ビュフェ営業
		405M	〃	比叡2号	〃	8:30	→	〃	11:05	⑩	
		407M	〃	比叡3号	〃	10:00	→	〃	12:35	〃	
		409M	〃	比叡4号	〃	11:30	→	〃	14:05	〃	
		411M	〃	比叡5号	〃	12:30	→	〃	15:05	〃	
		413M	〃	比叡6号	〃	15:00	→	〃	17:35	〃	
		415M	〃	比叡7号	〃	16:50	→	〃	19:25	〃	
		417M	〃	第2伊吹	〃	18:00	→	神戸	21:00	〃	全車座席指定
		419M	〃	比叡8号	〃	20:00	→	大阪	22:40	〃	
	上り	402M	準急	第1伊吹	神戸	7:00	→	名古屋	9:53	⑩	全車座席指定
		404M	〃	比叡1号	大阪	8:16	→	〃	10:53	〃	
		406M	〃	比叡2号	〃	11:30	→	〃	14:05	〃	
		408M	〃	比叡3号	〃	13:50	→	〃	16:32	〃	
		410M	〃	比叡4号	〃	15:00	→	〃	17:40	〃	
		412M	〃	比叡5号	〃	16:00	→	〃	18:35	〃	
		414M	〃	比叡6号	〃	17:00	→	〃	19:35	〃	
		416M	〃	比叡7号	〃	18:00	→	〃	20:35	〃	
		418M	〃	第2伊吹	〃	19:00	→	〃	21:25	⑫B	全車座席指定・ビュフェ営業
		420M	〃	比叡8号	〃	20:00	→	〃	22:45	⑩	

両数欄のBはビュフェ付き車両連結。「比叡」のうち10両編成列車は1963年10月から下りに165系(クモハ165+モハ164)を連結した12両で運転

まれていたので、仕事はタイトだった。

1961年10月改正での東海道電車急行の増発で、153系急行用編成は昼夜行とも運用数が激増。1962年6月には、その運用範囲は山陽本線広島まで延長されるが、準急「第1―第2伊吹」1往復の急行用編成での運用は継続された。そうなると逆の時間帯を走る「第2―第1伊吹」は、となるが、こちらは1960年6月の設定時同様に、「比叡」などと共通運用の準急用153系10両編成だった。1等車もサロ153なので、1等利用客にとっては同じ「伊吹」でも、待遇面での差は大きかった。

1961年の2度にわたる準急「比叡」「伊吹」の時刻を時刻表―⑧に示す。

06-3 名阪間4往復は重荷だった「比叡」のビュフェ

東海道新幹線開業の1964(昭和36)年10月改正で、名古屋〜大阪／神戸間準急のうち「伊吹」2往復が廃止。「比叡」は1961年10月改正で最大となった8往復の本数を維持する。153系急行用編成は東海道電車急行の一部廃止で同線での運用を減らすものの、山陽本線全線電化により、東京〜下関間を股にかけた広域運用になる。

そうした中にあっても、名古屋〜大阪間では時刻表―⑨に示すように、改正前の「第1―第2伊吹」と類似したスジを走る「比叡1―7号」が153系急行用編成での運転となり、ビュフェ営業も継続された。しかし、利用客の新幹線移行もあり、ビュフェからは「伊吹」当時のような賑わいは失われ、「比叡」全体としても乗車率の低下は免れなかった。

その1年後の1965(昭和40)年10月改正では、東海道本線電車急行は3往復にまで削減。「比叡」の本数

時刻表-⑨　名古屋〜大阪間153系電車準急(急行)　時刻の変遷

年月日	上下	列車番号	種別	列車名	始終着駅とその時刻					※両数	備考
1964(昭39)10.1	下り	401M	準急	比叡1号	名古屋	7:30	→	大阪	10:17	⑫B	ビュフェ営業
		403M	〃	比叡2号	〃	8:25	→	〃	11:11	⑫	
		405M	〃	比叡3号	〃	10:01	→	〃	12:37	〃	
		407M	〃	比叡4号	〃	11:30	→	〃	14:05	〃	
		409M	〃	比叡5号	〃	12:30	→	〃	15:05	〃	
		411M	〃	比叡6号	〃	16:50	→	〃	19:25	〃	
		413M	〃	比叡7号	〃	18:00	→	神戸	21:00	〃	
		415M	〃	比叡8号	〃	20:00	→	大阪	22:40	〃	
	上り	402M	準急	比叡1号	神戸	7:00	→	名古屋	9:53	⑫	
		404M	〃	比叡2号	大阪	8:00	→	〃	10:53	〃	
		406M	〃	比叡3号	〃	13:20	→	〃	15:49	〃	
		408M	〃	比叡4号	〃	15:00	→	〃	17:35	〃	
		410M	〃	比叡5号	〃	16:00	→	〃	18:35	〃	
		412M	〃	比叡6号	〃	17:00	→	〃	19:35	〃	
		414M	〃	比叡7号	〃	18:00	→	〃	20:35	⑫B	ビュフェ営業
		416M	〃	比叡8号	〃	20:10	→	〃	22:56	⑫	
1965(昭40)10.1	下り	411M	準急	比叡1号	名古屋	7:30	→	大阪	10:19	⑫B	ビュフェ営業
		413M	〃	比叡2号	〃	11:30	→	〃	14:15	〃	〃
		415M	〃	比叡3号	〃	15:20	→	〃	18:10	〃	〃
		417M	〃	比叡4号	〃	20:30	→	〃	23:15	〃	〃
	上り	412M	準急	比叡1号	大阪	7:10	→	名古屋	9:47	⑫B	ビュフェ営業
		414M	〃	比叡2号	〃	11:20	→	〃	13:58	〃	〃
		416M	〃	比叡3号	〃	15:20	→	〃	17:57	〃	〃
		418M	〃	比叡4号	〃	18:55	→	〃	21:41	〃	〃
1968(昭43)10.1	下り	401M	急行	比叡1号	名古屋	7:30	→	大阪	10:06	⑩B	ビュフェ営業※
		403M	〃	比叡2号	〃	11:30	→	〃	14:09	〃	〃
		405M	〃	比叡3号	〃	16:10	→	〃	18:57	〃	〃
		407M	〃	比叡4号	〃	20:30	→	〃	23:12	〃	〃
	上り	402M	急行	比叡1号	大阪	7:45	→	名古屋	10:23	⑩B	ビュフェ営業※
		404M	〃	比叡2号	〃	13:20	→	〃	15:59	〃	〃
		406M	〃	比叡3号	〃	15:47	→	〃	18:33	〃	〃
		408M	〃	比叡4号	〃	18:40	→	〃	21:28	〃	〃

両数欄のBはビュフェ付き車両連結。　ビュフェ営業は1970.10.1改正で終了

も4往復に半減されるが、何と「比叡」には全列車に153系12両の急行用編成が充てられた。当時すでに“斜陽列車”になりつつあった「比叡」にビュフェ付き編成は似合わない気もするが、これには理由があった。

そもそも153系は準急・急行用としては優秀な電車だが、東海道本線での使用を考慮して製造され、主電動機は出力100kWのMT46Aで、抑速発電ブレーキや耐寒耐雪設備を有しないため、勾配区間や沿線に寒冷地を抱える線区には入線ができなかった。そのため、後発の直流電化区間には出力が120kWで勾配・寒地向け対策を施した165系が入線し、1965年頃には直流標準の急行(準急)形電車の地位を確立していた。山陽本線ですら上りのセノハチ通過に電気機関車の助けを要する153系には、転用先が見当たらなかったのだ。

特にビュフェは、新幹線開業前の東京〜大阪間のように長距離客の多い線区ならいいが、起終点間の到達時分の短い準急運用では厳しかった。それでも「比叡」は本数が少なくなったとはいえ東海道急行や、関西〜山陽間急行との運用の絡みがあるため、ビュフェは2両とも営業された。当初トーストやコーヒー以外は冷たいメニューばかりだった、サハシ153の喫茶・軽食コーナーにも1964年以後は電子レンジが入り、カレーライスやランチ類が加わっていただけに、時すでに遅しといった感じだった。しかし、寿司コーナーは「比叡」に限っては、寿司種の鮮度保持の問題もあり閉鎖された。

こうした「比叡」での153系急行用編成による運転は、山陽新幹線岡山開業による1972(昭和47)年3月15日改正で、153系8両編成に減車されるまで続けられる。だが、その間「比叡」用153系は1968年6月からサハシ1両減車の11両、同年10月改正からはサロも1両が抜かれ、10両編成になる。ビュフェの営業は1968年10月改正後も継続されたが、利用客が少ないため、大阪万国博終了直後の1970(昭和45)年10月改正を機に休止されてしまった。

06-4 山陽本線で153系と475系が並立したビュフェ営業

153系急行用編成ビュフェといえば、在来線全盛期の東海道本線での寿司コーナーといったイメージが強いが、1962(昭和37)年6月の広島電化で、急行「宮島」2往復の東京〜広島間通し運転が実現し、同時に山陽本線区間でも喫茶・軽食コーナーとともに、寿司コーナーの営業が開始された。

1964(昭和39)年10月の東海道新幹線開業と、山陽本線全線電化で、「宮島」2往復は新大阪／大阪〜広島間運転になり、それとは別に大阪〜下関間に急行「関門」が新設される。これら3往復には改正前同様宮原電車区の153系急行用編成が使用されたため、その運用範囲は東京〜下関間1118.2㎞に及ぶ。サハシ153のビュフェには、電子レンジが順次取り付けられたため、喫茶・軽食コーナーも温かいメニューが加わったことで、珍しさもあり当初は賑わった。

東海道新幹線と山陽本線にとっては本格開業といえる1965(昭和40)年10月改正では、関西／山陽〜九州間に交直流電車475系による急行「つくし」(2往復)「はやとも」「有明」「山陽」計5往復が運転を開始。475系は急行形であるため、車両のスタイルは153系に類似しているが、バラ色系の赤とクリーム色との塗装は、153系の湘南色と絶妙の対比をなし、「山陽路に電車急行時代来る」をアピールした。

475系急行は153系と同様12両編成で、2両のビュフェ付き車両を連結する。ビュフェ部分は軽食・喫茶コーナーとうどんコーナーから成っており、軽食・喫茶コーナーは最初から電子レンジが置かれ、通路窓側カウンター部分には新幹線ビュフェ並みにFRP製の椅子が設置されるなど、153系よりも設備面での進化が感じられた。これにより、153系(「なにわ」「関門」)と475系(「はやとも」)の重複運転区間になる名古屋〜下関間のビュフェでは、列車により寿司とうどんのどちらかを食べることができた。

この1965年10月改正では、山陽本線の153系急行用編成での列車は時刻表—⑩に示すように、最大の4往復になる。「関門」と「宮島」は本数が入れ替わっただけだが、「つくし」2往復のうち新大阪〜博多間1往復分の車両落成が遅れ、12月下旬までは直流区間の下関までの運転で、153系を使用。475系の入線により博多直通となり、同日から153系は時刻変更のうえ新設の「第1―第2関門」として運転された。153系での「第２―第１つくし」は短期間だけの運転だったため、可変式ヘッドマークを３条線にした“消去マーク”で運転された。

関西～山陽間の153系優等列車には、「関門」と「宮島」のほか、新大阪／大阪～宇野間に「鷲羽」、同～三原間に「びんご」の準急群が設定されており、こちらは12両ながらサロ1両の準急編成での運転だった。しかし、この改正からは「鷲羽」のうち下り8号と上り2号が、急行編成での運転となる。だが、両列車とも宇野発着時刻は早朝・深夜にかかるため、ビュフェの営業は最初から休止されていた。

時刻表-⑩　関西～山陽間153系電車急行(ビュフェ付き車両連結編成)　時刻の変遷

年月日	上下	列車番号	種別	列車名	始終着駅とその時刻					※両数	備考
1964(昭39)10. 1	下り	301M	急行	第1宮島	大阪	7:30	→	広島	12:50	⑫B	
		303M	〃	関門	〃	9:45	→	下関	18:50	〃	
		305M	〃	第2宮島	〃	17:00	→	広島	22:10	〃	
	上り	302M	急行	第1宮島	広島	7:25	→	新大阪	12:37	⑫B	
		304M	〃	関門	下関	10:40	→	大阪	19:55	〃	
		306M	〃	第2宮島	広島	17:03	→	〃	22:20	〃	
1965(昭40)10.1	下り	203M	急行	第2つくし	新大阪	9:50	→	下関	18:53	⑫B	12月25日まで運転
		301M	〃	第1関門	〃	10:47	→	〃	19:50	〃	12月26日から運転
		303M	〃	第2関門	大阪	13:55	→	〃	22:40	〃	
		305M	〃	宮島	新大阪	16:55	→	広島	22:10	〃	
		1615M	〃	鷲羽8号	新大阪	23:00	→	宇野	3:10	〃	ビュフェは営業休止
	上り	614M	急行	鷲羽2号	宇野	5:27	→	新大阪	9:40	⑫B	ビュフェは営業休止
		306M	〃	宮島	広島	7:43	→	新大阪	13:18	〃	
		304M	〃	第1関門	下関	9:10	→	〃	18:15	〃	
		204M	〃	第1つくし	〃	11:16	→	〃	20:18	〃	12月24日まで運転
		302M	〃	第2関門	〃	12:20	→	大阪	21:20	〃	12月25日から運転
1968(昭43)10.1	下り	301M	急行	ながと1号	新大阪	11:04	→	下関	19:45	⑩B	
		303M	〃	ながと2号	〃	14:08	→	〃	22:39	〃	
		305M	〃	宮島	〃	16:48	→	広島	21:50	〃	
	上り	306M	急行	宮島	広島	8:00	→	新大阪	13:05	⑩B	
		302M	〃	ながと1号	下関	9:25	→	〃	18:07	〃	
		304M	〃	ながと2号	〃	11:55	→	大阪	20:30	〃	
1970(昭45)10.1	下り	301M	急行	ながと1号	新大阪	11:04	→	下関	19:45	⑩B	
		303M	〃	ながと2号	〃	14:08	→	〃	22:39	〃	
	上り	302M	急行	ながと1号	下関	9:25	→	新大阪	18:07	⑩B	
		304M	〃	ながと2号	〃	11:55	→	大阪	20:30	〃	

両数欄のBはビュフェ付き車両連結。定期列車のみを掲載

06-5 山陽本線で最後まで営業された153系寿司コーナー

「ヨン・サン・トオ」こと1968（昭和43）年10月改正で、宮原電車区の153系急行用編成は東京～名古屋間からの撤退で、運用数は前述の「比叡」4往復と、新大阪／大阪～下関間の「関門」改め「ながと」2往復、同～広島間の「宮島」の計7往復だけとなる。編成も利用実績に合わせ、編成図のようにサロ・サハシを1両ずつとした10両に減車されるが、12両当時の6M6Tから6M4Tへの改組により電動車比率が増したため、上り列車は山陽本線瀬野～八本松間での補機使用から解放され、自力走行が可能になったのは、何とも皮肉だった。

ダイヤ改正から半年後の1969（昭和44）年4月に大学生となった筆者は、その2ヶ月後の6月初旬に、大学鉄道研究会の合宿で岡山方面を訪れる。2日目

急行宮島・ながと ※比叡（1968. 10 現在）

※「比叡」は１等を含め全車自由席

午前中の下津井電鉄見学後は、別の行事が組まれていたが、ここまで来て「こんな天気のいい日にC62を逃がすわけにはいかない。」と、同意見の会員と2人で鉄研の会長に交渉し、別行動を認めてもらった。

倉敷からは14:04発の下関行き急行「ながと1号」に乗車したが、座席に落ち着くと待ち構えていたのは空腹だった。当日は朝食後。何も食べていなかったのだ。それで車両を何両か渡って、サハシ153のビュフェにたどり着き、2人ともハンバーグ定食を注文した。当時のビュフェは表―5のようにメニューが充実しており、ハンバーグ定食は「時刻表」の案内欄にはなかったが、本体にご飯とコーヒー(紅茶)を付けて、300円ではなかったかと思う。第3章のようなレートで換算すると、現在ではその4.2倍の値段になり、食事メニューは高くも安くもないといったところだろう。ビュフェの寿司コーナーに気が付くのは、食事を済ませたあと紅茶を飲んで車窓からの景色を眺めるゆとりができた時のことである。

同時期に上りの「ながと1号」に厚狭～広島間を乗車された、「優等列車列伝」シリーズのもう1人の筆者である山田亮氏はサハシ153の寿司コーナーで食事体験をしておられるが、当時の筆者は、「まだ新幹線岡山開業までは時間あるので、『ながと』や『宮島』の寿司コーナーは利用できるだろう。」と高をくくっていた。だが、山陽本線優等列車に乗車するのは撮影目的が大半を占める筆者にとっては、「ながと」や「宮島」は意外と利用しにくい列車で、結局153系ビュフェでの食事体験は、これが最初で最後になってしまった。

話を山陽本線急行史に戻すと、呉線電化に伴う1970(昭和45)年10月改正では、「宮島」が客車や気動車時代の呉線経由に戻され、153系ながら12両の旧準急用編成になり、名阪急行の「比叡」4往復もビュフェ営業を休止したため、ビュフェが稼働する153系は「ながと」2往復だけになる。しかし、1971(昭和46)年3月20日からは、「鷲羽」のうち季節列車の6603M下り6号(新大阪発12:42→宇野着16:00)と、6604M上り10号(宇野発17:46→大阪着21:07)が急行用編成になり、「時刻表」本文ページ上には、ビュフェ営業を示すコーヒーカップの記号が入れられていた。

表-5 1969(昭和44)年10月当時の153系電車急行ビュフェの主なメニュー

にぎり寿司	
たこ・とり貝・いか・こはだ・あなご・玉子	各30円
まぐろ(赤身)・鯛・ヒラメ・シャコ	各 40円
まぐろ(とろ)・赤貝・ミル貝	各 50円
えび	75円
つまみもの	150～200円
鉄火巻	100円
のり巻	50円
きゅうり巻	70円
にぎりすし盛合わせ	300円
大阪すし盛合わせ	200円
定食	
※朝定食(洋食)	200円
※ランチ	250円
※うなぎご飯(吸物付)	300円
※おにぎり(みそ汁付)	200円
お好み料理	
カレーライス	150円
チキンライス	180円
※天丼	180円
※カツ丼	180円
※ハンバーグステーキ	240円
コンビネーションサラダ	200円
※スパゲティ	200円
ハムサラダ	200円
ご飯	50円
パン・トースト(バター付)	50円
サンドイッチ・デザート	
ミックスサンドイッチ	220円
ハムサンドイッチ	150円
チーズ(クラッカー付)	70円
チップポテト	50円
他に　コーヒー(70円)、紅茶(70円)、ビール(大瓶185円)、おつまみ、酒など	

※の品種は、列車によって取り扱っていない場合あり

「国鉄監修 時刻表」1969年10月号より

403M　広島発博多行き急行「山陽」475系電車12連
広島　1967.11.15　撮影：辻阪昭浩

山陽本線全線電化後の1965年10月からは475系が入線したため、名古屋～下関間の急行ビュフェ車では寿司のほか、うどんを注文することができた。

06-6 153系ビュフェ付き車両編成の終焉

その1年後の1972(昭和47)年3月15日、山陽新幹線新大阪～岡山間開業に伴う白紙ダイヤ改正が実施される。この改正で、関西から山陽西部や九州方面へ行く昼行優等列車は、可能な限り岡山始終着とされ、特に153系急行は、「鷲羽」のうち辛うじて存続した夜行列車を除き、大阪駅から姿を消す。

その結果、山陽本線の153系急行は岡山～広島／下関間列車が「山陽」、岡山～広島間を呉線経由で結ぶ列車が「安芸」に統合され、時刻表―⑪に示すようなダイヤになる。車両は宮原電車区から下関運転所に移管された153系急行用編成が使用される。注目のサハシ153のビュフェは、特急が増発される時勢では急行は短距離の区間客が主体となり、さほど利用が見込めないせいか、全列車とも次の編成図

時刻表-⑪　山陽本線内153系電車急行(ビュフェ付き車両連結編成)　時刻の変遷

年月日	上下	列車番号	種別	列車名	始終着駅とその時刻					※両数	備考
1972 (昭47) 3.15	下り	301M	急行	山陽1号	岡山	7:17	→	下関	13:01	⑩B	
		303M	〃	山陽2号	〃	9:46	→	広島	12:11	〃	
		305M	〃	山陽3号	〃	10:21	→	下関	16:01	〃	
		411M	〃	安芸1号	〃	10:46	→	呉	13:20	〃	
		307M	〃	山陽4号	〃	12:21	→	下関	18:01	〃	
		413M	〃	安芸2号	〃	14:21	→	広島	17:31	〃	呉線経由
		309M	〃	山陽5号	〃	16:21	→	〃	18:45	〃	
		311M	〃	山陽6号	〃	17:21	→	下関	23:01	〃	
		313M	〃	山陽7号	〃	18:21	→	広島	20:49	〃	
		415M	〃	安芸3号	〃	19:20	→	〃	22:29	〃	呉線経由
		315M	〃	山陽8号	〃	20:20	→	〃	22:41	〃	
	上り	302M	急行	山陽1号	広島	6:17	→	岡山	8:48	⑩B	
		304M	〃	山陽2号	〃	7:12	→	〃	9:44	〃	
		412M	〃	安芸1号	〃	7:32	→	〃	10:46	〃	呉線経由
		306M	〃	山陽3号	岩国	8:35	→	〃	11:44	〃	(南岩国発 8:25)
		308M	〃	山陽4号	下関	7:00	→	〃	12:44	〃	
		310M	〃	山陽5号	広島	11:15	→	〃	13:44	〃	
		312M	〃	山陽6号	下関	10:04	→	〃	15:44	〃	
		414M	〃	安芸2号	呉	13:45	→	〃	16:18	〃	
		416M	〃	安芸3号	広島	15:40	→	〃	18:49	〃	呉線経由
		314M	〃	山陽7号	下関	14:02	→	〃	19:44	〃	
		316M	〃	山陽8号	広島	19:15	→	〃	21:37	〃	
		1412M	〃	山陽9号	下関	18:25	→	広島	22:15	〃	
1973 (昭48) 10.1	下り	301M	急行	山陽1号	岡山	7:14	→	小郡	12:01	⑩B	(下関着13:06)
		303M	〃	山陽2号	〃	9:21	→	下関	15:07	〃	
		411M	〃	安芸1号	〃	10:21	→	呉	12:49	〃	
		305M	〃	山陽3号	〃	12:21	→	下関	18:09	〃	
		413M	〃	安芸2号	〃	14:21	→	広島	17:30	〃	呉線経由
		307M	〃	山陽4号	〃	16:21	→	〃	18:45	〃	
		309M	〃	山陽5号	〃	17:19	→	下関	23:02	〃	
		311M	〃	山陽6号	〃	19:21	→	広島	20:51	〃	
		415M	〃	安芸3号	〃	19:21	→	〃	22:29	〃	呉線経由
		313M	〃	山陽7号	〃	20:20	→	〃	22:41	〃	
	上り	302M	急行	山陽1号	広島	6:06	→	岡山	8:48	⑩B	
		304M	〃	山陽2号	〃	7:12	→	〃	9:44	〃	
		412M	〃	安芸1号	〃	7:32	→	〃	10:46	〃	呉線経由
		306M	〃	山陽3号	岩国	8:35	→	〃	11:44	〃	(南岩国発 8:26)
		308M	〃	山陽4号	下関	7:07	→	〃	12:44	〃	
		310M	〃	山陽5号	広島	11:17	→	〃	13:41	〃	
		1412M	〃	山陽6号	小郡	11:01	→	広島	13:15	〃	(下関発 9:38)
		414M	〃	安芸2号	呉	13:10	→	岡山	15:47	〃	
		416M	〃	安芸3号	広島	15:36	→	〃	18:47	〃	呉線経由
		312M	〃	山陽7号	下関	14:01	→	〃	19:44	〃	
		314M	〃	山陽8号	広島	19:05	→	〃	21:37	〃	
		1414M	〃	山陽9号	下関	18:25	→	広島	22:15	〃	

両数欄のBはビュフェ付き車両連結。定期列車のみを掲載
( )内は普通列車としての時刻を示す
全列車がサハシ153を連結するもビュフェは営業休止

のように営業が休止され、山陽本線での153系ビュフェ営業は、10周年にあと3ヶ月に迫った時点で幕を閉じる。これにより、電車内で調理された寿司を食べる機会は、後に新幹線食堂車で試行営業された期間の列車を除き、消滅する。

こうした場合は、サハシ153を編成から抜き9両で運転しても何ら差支えがないはずだが、当時のサハシ153は新製後まだ10年余りしか経過しておらず、廃車しようにもできないため、「混雑時には36名分の座席は貴重」ということで、残されたのである。しかも、下関所の153系先頭車はすべてクハ153であるため、同じ10両の急行用編成でも宮原電車区持ちの1968～1971年当時よりも、東海道時代の名残を感じることができた。

だが、1975(昭和50)年の年が明け、山陽新幹線博多開業も近づいてくると、下関所の153系も全検切れの車両からリタイアし、編成中の⑤～⑦号車を外した7両や、④～⑦号車が離脱したモノクラス6両の編成も見られるようになる。こうした状況の中で、3月10日の新幹線博多開業を迎え、「山陽」「安芸」は廃止される。東海道新幹線開業時のように、特急を廃止しても急行は一部を残すといった忖度はなされず、山陽本線の昼行優等列車は山陰方面に直通する一部を残し、線路から姿を消してしまった。

それは、優雅だった153系急行用編成の終焉であるとともに、在来線電車急行黄金時代の幕引きでもあった。

急行山陽・安芸（1972. 3 現在）

← 広島・下関方　　　　岡山方 →

①	②	③	④	※⑤	⑥	⑦	⑧	⑨	⑩
指	指	指	指G	自・ビ	自	自	自	自	自
クハ153/165	モハ152	モハ153	サロ165	サハシ153	モハ152	モハ153	モハ152	モハ153	クハ153/165

※⑤号車のビュフェは全列車営業休止

107M　東京発大阪行き急行「第１せっつ」153系電車12連
吉原　1964. 9.23　撮影：荻原二郎

東海道での終焉が間近い急行「せっつ」。同列車を含め寿司コーナー付きビュフェは10年余りで営業を終了したが、こうした食文化が鉄道に存在したことは、これからも長く伝え語られることだろう。

第2章
東海道と山陽路を走り抜けた153系電車急行の記録

下り修学旅行用電車　155系電車8連　由比～興津　1962. 8. 5　撮影：辻阪昭浩

「修学旅行」の文字を種別表示器に掲げ、東海道本線の撮影名所の一つである由比～興津間の薩垂峠を行く155系8連。田町電車区の155系が時期的に伊豆方面への海水浴臨に使用されることはあっても、修学旅行に使用されることは珍しく、「ひので」のヘッドマークも付けていないことで、どの学校がどちらの方面へ修学旅行に行くのか、興味がわくところである。駿河湾沿いに並走する国道1号は1車線のままなので、写真撮影の数年後には東名高速道路が建設されるとは、この時点では到底考えられない。

12レ 大阪発東京行き急行「なにわ」43系ほか 大阪 1960. 9.18 撮影：大津 宏

急行「なにわ」の食堂車マシ29 100番代。撮影当時③号車はマシ35が所定だったが、この日は予備車である1935(昭和10)年製の3軸ボギー車マシ29 107が連結されていた。窓が狭く古典的な車両だが、編成中では唯一の冷房車だった。その左手の②号車は1等自由席のスロ53。車内はリクライニングシートで、設備としては「せっつ」のサロ153より格段に上位だった。スロ53の洗面所左側の窓に見える網戸は煤除けで、蒸気機関車牽引列車では窓が開いた状態でも、煤煙を車内に入れない働きをしたが、全区間EF58牽引の「なにわ」には不要だった。③号車の右側にはずらりとスハ43が並ぶ。

12レ　大阪発東京行き急行「なにわ」43系ほか　大阪　1960. 9.18　撮影：大津 宏

客車急行として運転されていたころの急行「なにわ」。起終点間をEF58形電気機関車が通しで牽引する列車で、写真は大阪駅9番線に進入時のもの。2等車はすべて重厚なスハ43系で、同じ色の牽引機とのコンビは息がぴったりだ。この時点で「なにわ」はまだ回送列車だが、1・2両目に“旅客”らしき姿が見えるのは、車両基地である宮原客車区で当日の勤務を終えた職員が便乗しているものと思われる。当時は最寄駅から離れている車両基地へは、回送列車が職員輸送を兼ねていた。

108M　大阪発東京行き急行「第1なにわ」153系電車12連　大阪　1962. 3.31 撮影：林 嶢

大阪駅9番線で発車を待つ上り急行「第1なにわ」。1等車と半室ビュフェ車をそれぞれ2両連結した貫禄たっぷりの153系12両編成は、まさに東海道急行のために存在するようなものだった。当時の大阪駅を昼間時間帯に発車する東海道急行は、上り方の⑪⑫号車が比較的すいており、駅では両号車への乗車を促すアナウンスがよく聞かれた。

11T　東京発大阪行き急行「なにわ」153系電車12連　東京　1961. 3. 2　撮影：辻阪昭浩

前日にそれまでのEF58が牽く重厚なスハ43系から軽快な153系電車急行に衣替えしたばかりの急行「なにわ」。同時に急行用編成に置き換えられた「せっつ」や新設の「金星」などとともに、正面に取り付けられた可変式ヘッドマークが目新しい。右隣りに停車するのは70系の横須賀線電車で、当時は東京駅高架ホームから発車していた。

急行
急行
なにわ
NANIWA

108M　大阪発東京行き急行「第1なにわ」153系電車12連　岐阜　1962. 3.21 撮影：辻阪昭浩

岐阜駅に停車中の上り急行「第1なにわ」を下り列車の最後尾から撮影した写真。当時の客車列車では、一部を除き最後尾の貫通路部分に立ち入ることができた（もちろん自己責任）ので、こうした写真の撮影が可能だった。駅のホームには旅客用の陸橋のほか荷物移動用の跨線テルハが設けられ、ホーム上屋などの造りなどに「昭和時代の主要駅」の様子が伺える。

11T　東京発大阪行き急行「なにわ」153系電車12連　東京　1961. 3. 2 撮影：辻阪昭浩

急行「なにわ」用153系の先頭（後部）車両クハ153形0番代の正面写真。153系は「東海形」以外に「新湘南形」とも呼ばれたように、80系湘南形電車の発展形車両で、正面貫通形を採用するにあたり「優等列車に使うのだから、みっともない形にしないように」と国鉄上層部から釘を刺されたという。その苦心の結果完成したのがパノラマ窓とその下に設置された2基の前照灯で、このデザインは以後の国鉄急行形や近郊形の標準スタイルとなったことで、ヒット作といえよう。正面はオレンジ一色になるが、青地に白のヘッドマークが単調さをカバーしていた。

107M　東京発大阪行き急行「なにわ」153 系電車 12 連　戸塚〜大船　1964. 9. 13 撮影：辻阪昭浩

戸塚〜大船間で、54 〜 55 ページよりもさらに前方で撮影した写真。この日の下り「なにわ」はクハ 153―0 番台を先頭とする編成である。横浜発時刻は 11:14。昼食にはまだ早い時刻だが、ビュフェがまだ混雑しない時間帯だけに冷房が効いた⑦号車では、「空いているうちに食事をすませておこう」とばかり、寿司を片手にビールを傾けている旅客もいることだろう。終点大阪までは、あと 7 時間もかかる長丁場である。

急行
なにわ

105M　東京発大阪行き急行「なにわ」153系電車12連　根府川～真鶴　1964. 7. 5　撮影：辻阪昭浩

東海道本線の列車アルバムをまとめる上で欠かすことのできないのが、この根府川～真鶴間の白糸川橋梁。現在では強風対策のため防風柵が設置され、撮影が困難になっているが、1922(大正11)年12月に同区間が熱海線の一部として開通して以来、数多くの列車がこの橋梁を通過した。153系「なにわ」には扉付近に立ち客が見えるような混雑ぶりだが、窓が全開でないのは夏とはいえ、まだ気温が上がっていないからだろうか。

せっつ

107M　東京発大阪行き急行「第１せっつ」153 系電車 12 連　戸塚〜大船　1964. 9. 5　撮影：辻阪昭浩

東海道本線戸塚〜大船間には十数両編成の列車が収まる大カーブが存在するため、在来線に優等列車が数多く運転された頃には訪れる鉄道ファンが多かった。下り急行「第１せっつ」はカーブ地点より少し大船寄りでの撮影だが、複々線区間の利点を生かし、２連サロを挟むサハシの姿をばっちり撮影することができる。

せっつ

2012T　大阪発東京行き急行「せっつ」153 系電車 10 連　大阪
1961. 1. 8　撮影：大津 宏

大阪駅発車直後の上り急行「せっつ」。153 系電車 10 両編成は変わらないが、1 等車サロ 153 の位置は運転開始時の⑥⑦号車から④⑤号車に変更されている。列車の右手には梅田コマ劇場が見える。1 等車がサロ 153 であるほか食堂車の連結がないことで、急行としては組成面でもの足りない「せっつ」だが、大阪～東京間を客車急行「なにわ」より 1 時間早い 7 時間 44 分で結ぶことや、乗り心地がそれまでの 80 系電車などとは段違いに良好なことで、連日満席の盛況だった。

2012T　大阪発東京行き急行「せっつ」153系電車10連　大阪　1960. 6.26
撮影：大津 宏

153系が急行に起用されるのは皇太子（現・上皇）ご結婚時の“あやかり結婚”用臨時列車として、1959年4月9日と10日に東京～大阪間に運転された「ことぶき」があるが、定期列車としては1960年6月1日から同区間で運転された「せっつ」が最初である。車両は田町電車区の湘南準急用の10両編成が使用されたため、2両の2等車はサロ153で、写真では5両目の車両は座席指定料金も徴収していたのだから恐れ入る。写真は大阪駅入線時の上り急行「せっつ」で、ヘッドマークの取付けはなかった。なお、写真撮影から5日後の7月1日から2等車は1等車に、3等車は2等車に格上げされる。

2012T 大阪発東京行き急行「せっつ」153 系電車 12 連　名古屋　1961. 8.11　撮影：荻原二郎

東海道電車急行が「なにわ」「金星」を含め 3 往復だけだった時代の「せっつ」。1961 年 3 月 1 日にサロ 152・サハシ 153 を連結し、本格的な急行編成になったのを機にヘッドマークも取り付けられたので、列車としてのスタイルは新幹線開業により廃止されるまで変わることがなかった。写真は名古屋駅停車中のもので、ホーム上のあるターレット牽引の構内運搬車が、荷物輸送が盛況だった当時の国鉄を象徴する。側線には入換用の C11 の姿も見える。

急行
2012
急行
せっつ
SETTSU
287

急行
204
急行
せっつ
SETTSU

㊧　108M　大阪発東京行き急行「第１せっつ」153 系電車 12 連
㊨　105M　東京発大阪行き急行「なにわ」153 系電車 12 連　名古屋　1964. 7.17　撮影：辻阪昭浩

名古屋駅で停車中の下り「なにわ」、上り「せっつ」の両列車。同じクハ 153 でも初期の０番代と 1961 年４月以後に製造された 500 番代とのスタイルの違いがよく分かる。名古屋での停車は「なにわ」が 15:44 ～ 15:47、「第１せっつ」が 15:49 ～ 15:52 のため、正規のダイヤでは同時に停車することはないが、「なにわ」が混雑等で若干遅れていたのだろう。東海道に電車急行時代を築いた両雄の出会いが見られるのも、あと２ヶ月余り。

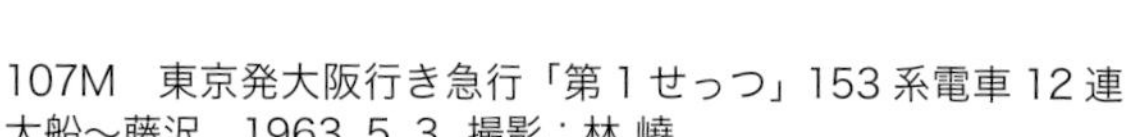
107M　東京発大阪行き急行「第 1 せっつ」153 系電車 12 連
大船～藤沢　1963. 5. 3　撮影：林 嶢

大船～藤沢のカーブ区間を行く大阪行き急行「せっつ」。下り列車なのでサハシ 153 の位置が号車番号と同じく 4 両目と 7 両目になる。ビュフェ車の寿司コーナーは東海道急行名物として乗客から人気があったが、肝心の寿司職人の確保が難しく、撮影時点では⑦号車だけで営業が行われていた。当時の 153 系電車では冷房はサハシ 153 のビュフェ部分にだけ設置されていたので、きのこ型クーラーの取付けで一段と盛り上がった屋根部分が存在を示す。

107M　東京発大阪行き急行「第1せっつ」153系電車12連
湯河原～熱海　1964. 7. 5　撮影：辻阪昭浩

湯河原付近の千歳川橋梁を渡り、神奈川・静岡の県境になる泉越トンネルに進入する下り急行「第1せっつ」。夜行急行の広島延長や寝台列車への置換えで、1963年10月までに「第2よど」と「第2なにわ」が廃止された後も、東京～大阪間電車急行では唯一号数番号を守り続けてきた「せっつ」2往復だが、3ヵ月後に迫った東海道新幹線開業では、他の電車急行に先がけて列車名を失う運命になる。

108M 大阪発東京行き急行「第１せっつ」153 系電車 12 連　京都〜山科　1964. 9.20　撮影：林 嶢

山科の大カーブを行く上り急行「第１せっつ」。高運転台のクハ 153─500 番代を先頭に、中間に２連サロを挟み、その前後をサハシ 153 で固めた 12 両編成は、国鉄電車急行の最高傑作である。この区間は戦時中に３線に増強され、当時は写真右側と中線が上り線で、下り線は左側の１線だけだった。こうした変則的な配置とされたのは上り勾配になる上り線に線路を２線配置し、スピードの遅い貨物列車を外側線走行とすることで、内側線からの追い抜きを可能とするのが理由だった。道路に追越し車線があるのと同じ理屈で、機関車牽引列車が多かった時代、国鉄は勾配区間対策には苦労をしていた。しかし、1956 年 11 月の電化後はそうした配慮もなくなり、写真の「第１せっつ」は外側線を走行している。

せっつ

114M　大阪発東京行き急行「第 2 せっつ」153 系電車 12 連　田町　1964. 9.13　撮影：荻原二郎

大阪から夜を徹してやってきた上り急行「第 2 せっつ」が田町を通過。当時の東京駅は 8:00 から 9:00 まで通勤列車以外は入れないので、夜行列車第 2 グループの列車は 9:00 以後の到着となるが、それが都内での列車撮影を可能にしていた。山手線外回りと京浜東北線南行電車が発着する 3・4 番線で電車を待つ旅客もリラックスした表情だ。「せっつ」の右側に見える東海道新幹線も柵が低く、試運転電車の撮影も楽々可能だった。しかし、新幹線が運転を開始すれば、「せっつ」は昼行・夜行とも姿を消す運命になる。

急行
急行
せっつ
SETTSU

2M 大阪発東京行き特急「第 1 こだま」151 系電車 11 連　東京　1964. 4.26　撮影：辻阪昭浩

東海道電車特急用 151 系電車は、最小限の車両数で 1 日当たり 9 往復の運転を担当するため、車両が事故を起こしたり、ダイヤが大幅に乱れたりした場合は 153 系による代行運転が実施された。この場合ターゲットになるのは、なぜか「こだま」であるため、ファンの間からは列車名をもじって“かえだま”と揶揄された。写真は 1964 年 4 月 24 日に草薙～静岡間の踏切で下り「第 1 富士」がダンプカーとの衝突脱線事故で、車両が長期離脱を余儀なくされたため、翌日から 5 月 6 日まで 5M・2M「第 2—第 1 こだま」が 153 系での運転となった時のもので、サハシ 153 を 1 両減車の 11 両で運転された。

こだま
KODAMA

Column
東海道急行を補佐した準急「東海」と「ながら」

東海道急行「なにわ」「せっつ」の両列車は、ともに急行として新設された列車、すなわち“生まれながらの急行”であるため、準急「東海」との系譜はない。しかし、「東海」は1960年代に東海道本線の東側にあたる東京〜名古屋間を、153系電車急行を補佐する列車として活躍し、1958年11月から153系が使用されていることで、東京〜大阪間電車急行の発達史を述べる上では避けることができない存在であり、ここでは「東海」の列車史について触れておきたい。

その準急「東海」が東京〜名古屋間に運転を開始するのは、東海道電化が米原に達した1955(昭和30)年7月20日のことで、全区間をEF58が牽引する客車列車としてのデビューだった。それまで直通優等列車は特急と急行だけの同区間では、安い料金で乗車できるうえ、急行が通過する鈴川(現吉原)・藤枝・掛川・袋井・磐田・刈谷・大府にも停車することで、東京〜名古屋の通し客はもちろん、区間旅客からも大好評で迎えられた。当時、東海道本線では湘南準急や普通列車用に湘南形80系電車が使用されており、東海道本線全線電化後の1957年7月には、車体を全金属製とし、3等車(のち2等車を経て現普通車)のクロスシート部分の座席を改良した80系300番代が登場したため、「東海」は同年10月1日改正で電車化のうえ、東京〜名古屋/大垣間3往復運転に増発され、列車としての地位を築く。同改正では名古屋〜大阪間準急「比叡」(列車名命名は11月15日)も同様に80系300番代の3往復体制になるが、両列車の名古屋での接続は一切考慮されなかった。

そして1958年10月10日に、東海道準急への使用を前提とした長距離用高性能電車153系(当時91系)の第1陣が落成。その直前の10月1日改正で夜行を含む4往復に増発されていた「東海」は、11月1日から順次153系12両での運転となり、翌1959年3月頃には全列車の153系化が完成。列車のグレードアップでますます人気が上昇した東京〜名古屋/大垣間準急は、同年9月22日改正で名古屋から東京へのビジネス客向けに、スピードアップとともに停車駅を精選したオール座席指定の「新東海」1往復を運転。そして、1960年6月1日からは多客期の増発用に「長良」(1961年10月から「ながら」)が不定期列車として増発される。

1961年10月1日改正では、東京〜名古屋間電車特急「おおとり」設定で「新東海」が廃止されるものの、「東海」は夜行を含め7往復に増発され、全盛を迎える。クハ153が、地色が赤のウイング形ヘッドマークを掲げて大活躍をするのも、この頃からである。しかし、3年後の東海道新幹線開業からは、予想以上に利用客の新幹線移行が進んだこともあり、「東海」は1965年10月1日改正で、東京〜名古屋/大垣間を昼行のみの4往復に減便。同時に「ながら」は廃止される。この本数は急行に格上げ後も以後十数年間維持されるが、その間1972年3月15日からは東京〜静岡間運転になり、設定当初とは別使命の列車に姿を変える。そして、1980年10月1日は2往復に削減。その後、JR化を迎え、時代のすう勢とともに最終的には特急になるが、利用客数がさほど伸びず、1996年3月16日改正で姿を消した。

「東海」の電車準急から引退までの稼働期間は40年近くに及ぶ。しかし、153系が使用された1983年3月までは一貫して12両編成で運転されるものの、サハシ153が編成に入った例は筆者が知る限りでは一度とてなかった。これが「東海」と「ながら」の記述をコラム欄に移した理由だが、特に「東海」は本来なら「なにわ」など153系急行編成列車とともに、本文で扱うべき「名列車」であることは、申すまでもないことを付け加えさせていただく。

304M 名古屋発東京行き準急「東海２号」153 系電車 12 連　東京　1961.10.13　撮影：荻原二郎

東京駅７番線に到着した名古屋からの上り準急「東海２号」。91 系は 153 系に改番され、撮影直前の 1961 年 10 月 1 日ダイヤ改正を機にヘッドマークも取り付けられている。形状は「なにわ」など東海道電車急行と同様だが、ウイング部分の地色は赤だった。急行のようにサロ 152 やサハシ 153 の連結はないが、12 両の堂々たる編成である。

306M 大垣発東京行き準急「東海３号」153 系電車 12 連　大船〜戸塚　1964. 9.13　撮影：辻阪昭浩

50 〜 51 ページと同じ地点で撮影した上り準急「東海３号」。カメラ位置を少し下げることにより、迫力のある作品にすることができる。写真の「東海３号」は全車両とも大部分の窓が明けられており、乗車率の高さが伺える。この戸塚〜大船間の複々線は写真手前から２線が貨物線のため、横須賀線電車も走る旅客線は列車密度が飽和状態に達し、改善が検討されていた。

310T 大垣発東京行き準急「東海 1 号」153 系（当時 91 系）電車 12 連　小田原付近　1959. 4.10　撮影：荻原二郎

80 系湘南形電車から置換えられてから、まだ半年と経っていない頃の 153 系上り準急「東海 1 号」。写真撮影当時は形式称号の改正前だったため 91 系と通称され、先頭車はクハ 96、電動車はモハ 91 を名乗っていた。手前から 4・5 両目の 2 等車サロ 95(改正後はサロ 153、のち 1 等車を経て現グリーン車) は、準急を最上位種別としての使用を見込んでいたため、座席は回転クロスシートだった。

1310M 大垣発東京行き準急「ながら」159 系電車 10 連　熱海　1965. 3.26　撮影：荻原二郎

準急 (1966 年 3 月 5 日から急行)「東海」の補助列車というべき不定期の「ながら」は、修学旅行用電車「こまどり」が上下とも昼行ダイヤだったことで、「こまどり」の運休日に 159 系を使用して運転される機会が多かった。しかし、159 系は「ながら」での運転時には 1 等車の連結が不可欠なため、準急運用では予備車的存在のステンレス試作車サロ 153―900 番代がもっぱら編成に組みこまれた。写真では手前から 4 両目がそれにあたる。左手には 74 ページ上の写真では工事中だった熱海駅新幹線ホームも堂々たる姿で開業している。

308M 大垣発東京行き準急「東海３号」153 系電車 12 連　弁天島　1964. 10.11　撮影：辻阪昭浩

浜名湖内のリゾート地として名高い弁天島を通過する上り準急「東海３号」。左手に見える東海道新幹線は 10 日前に開業し、それに伴い準急「東海」は１往復削減の６往復体制になる。東海道本線の東京～名古屋間には横浜・三島・沼津・清水・蒲郡など、新幹線の恩恵のない主要駅も多く、準急「東海」は残存した電車急行群とともに、新幹線の補佐列車としての働きを期待されていた。

2017T 東京発大阪行き急行「金星」153 系電車 12 連　神足（現・長岡京）～山崎　1961.7.28
撮影：林 嶢

京阪神間の複々線区間を大阪に急ぐ下り急行「金星」。電車での夜行急行は設定区間が限られることや、運転距離との関係で撮影しにくい列車が多いが、その点下り「金星」は京都着 8:20、大阪着 8:58 と、年間を通して京阪間では日の当たる時刻を通過するので、関西の鉄道ファンには撮影に困らない列車だった。しかし、「金星」は 10 月 1 日では寝台急行として再出発するため、電車での姿が見られるのはあと 2 ヵ月余りである。

2017T 東京発大阪行き急行「金星」153 系電車 12 連　大阪　1961. 9. 8　撮影：林 嶢

夜の東海道を走り抜け、大阪に 4 番線に到着した下り急行「金星」。電車としては初の夜行急行で、上下とも東京～大阪間昼行急行「なにわ」の間合い運用だった。朝のラッシュアワーが大阪駅ホームでは、左手の 1 番線に大阪環状線外回りのオレンジ色 72 系電車。さらに、京阪神電車ホームの 5 番線には京都～明石間が快速運転になる 80 系の 821T 柏原発上郡行きの姿が見える。1961 年 4 月に開通した大阪環状線にもまだ旧形車が残っていた。

103M　東京発大阪行き急行「やましろ」153系電車12連　大阪　1961.10.1　撮影：大津 宏

国鉄時代における最大のダイヤ改正が実施された1961年10月1日には、東京〜大阪間昼行電車急行はそれまでの2往復から6往復に大増発される。電話がまだ普及していなかった当時は電報を使って迎えなどの連絡をする乗客が多かったため、6往復とも別個の列車名が付けられていた。「やましろ」もその一つで京都府南部の旧国名に由来している。写真は東京からの長旅を終え、大阪駅に到着する運転開始日の下り急行「やましろ」。

104M　大阪発東京行き急行「やましろ」153 系電車 12 連　西小坂井〜豊橋　1962. 3.11　撮影：大津 宏

豊橋付近の 3 線区間の東海道上り線を行く急行「やましろ」。この区間は写真左 2 線が東海道本線。右 1 線が国鉄飯田線と名古屋鉄道本線共用の下り線で、写真右手に単線形態の上り線が見える。1961 年 10 月改正で採用された「やましろ」の列車名だが、1962 年 6 月 10 日の山陽本線広島電化に際し、「やましろ」のスジを利用して東京〜広島間急行「宮島」が設定されたため、「やましろ」は在位期間 8 ヶ月強という短命列車名で終わってしまった。

Column
たった一度の出会いの思い出・修学旅行電車

昨今のコロナ禍では、小・中・高等学校とも実施が大変で、予定が大幅に変更された話もよく聞くが、公立中学校の修学旅行は春や秋に3泊4日の行程で実施されるのが通例で、現在では新幹線はもとより高速道路でのバス利用が多いようだ。

しかし、今から半世紀以上も前の東海道本線全線電化当時における修学旅行を、同沿線にしぼると、行先は東京圏からは京都・奈良、逆に京阪神からは東京に伊豆箱根、または日光がお決まりであった。国内の移動は短距離を除き鉄道が独占していたが、国鉄は年々増加する需要に供給が追い付いてなく、修学旅行は臨時の普通(快速)列車で実施。客車もオハ35かスハ32で、中学生も現在のように体格が良くなかったこともあり、1座席に3人掛けを強いられていた。しかも、運転停車駅であっても客車は手動扉のため、生徒は勝手にホームに出ることもあり、引率者側も大変だった。

そのような修学旅行を「生徒たちの一生の思い出に」と抜本的に改革するため、国鉄は1958年6月1日から26日まで、80系300番代電車を使用して品川〜京都間に「修学旅行電車」を試行的に運転。昼行の下りは客車特急並み、夜行になる上りは寝台急行並みの速度で、居住性ともども好評を博した。この成功により、東京並びに京阪神の修学旅行協議会が利用債を負担することになり、車内設備を修学旅行用に特化した155系が設計・製造される。そして、1959年春から東京側は「ひので」、関西側は「きぼう」の列車名で運転。1961年は春からは159系の「こまどり」が加わる。生徒たちに「たった一度の出会いの思い出」を演出した修学旅行専用電車だが、東海道新幹線開業後は新幹線での修学旅行に移行したこともあり、1970年代半ばに姿を消す。153系急行編成電車とは全盛期を共にした、これまた名列車の一つである。

修学旅行用電車「こまどり」用 159 系電車　田町電車区 1963. 6. 1　撮影：林 嶢

東京から関西への「ひので」、その逆方向の「きぼう」の後を追うように、東海地方から関東・東京への修学旅行電車として1960 年春から「こまどり」が登場。当初は 153 系での運転だったが、翌年春からは新製の 159 系での運転となる。159 系の外観的は 155 系に類似しているが、「こまどり」は「ひので」や「きぼう」に比べ運転日が少なく、修学旅行運用がない日には、一般の準急や急行に充てるため、車内設備は 153 系に近かった。写真は品川での折り返し間合いに田町電車区で一休みする「こまどり」。

1134M　明石発品川行き修学旅行用電車「きぼう」155 系電車　熱海　1964. 7. 5　撮影：辻阪昭浩

京阪神から関東方面への修学旅行は、概ね富士箱根と東京、または日光と東京を周遊する３泊４日 (うち最終日は車中泊) の両コースがあり、上り「きぼう」では富士箱根コースの場合、富士か熱海で下車するのが通例だった。写真は熱海停車中の「きぼう」だが、中学生の姿が見えないのは前部の車両から下車したからだろうか。賑わうホームの右側には伊豆急 100 系電車が停車し、左側頭上では３ヵ月後の開業に向け、新幹線駅工事がたけなわだ。

1134M　神戸発品川行き修学旅行用電車「きぼう」155 系電車　８連　山崎～神足（現・長岡京）　1962.4.6　撮影：林 嶢

「修学旅行を一生の楽しい思い出に！」をスローガンに製造された、特殊な設備を持つ専用車両 155 系による「きぼう」。京阪神地区から関東方面へ主に中学生を対象とする列車で、1959 年春から運転を開始。撮影当時の時刻は上りが神戸発 9:13 →品川着 17:59、下りは東京発 19:40 →神戸着 5:48 で、往路が昼行、帰路が夜行になるダイヤで車両の運用効率を高めていた。車内は２人掛けと３人掛けとのボックスシートで、座席間にはテーブルが置かれているので、神戸発車１時間後の車内ではトランプ遊びが始まっている頃だろう。

六甲

102M 大阪発東京行き急行「六甲」153 系電車 12 連　京都〜山科　1964. 3.29　撮影：辻阪昭浩

山科の大築堤を行く上り急行「六甲」。少し高い位置から撮影すると東山連峰を背にした山科盆地の田畑と住宅地がパノラマとなって広がる。153 系「六甲」は 12 両編成だけでも絵になるが、2 連サロとそれを挟むサハシ、そしてサロ 152 の 1 等車を示す淡緑色のラインは「一級品の急行」をアピールする。JR 化されて久しい月日が流れ、急行の種別が定期列車から消滅した今、こうした列車が急行として運転される機会は半永久的にないだろう。

101M 東京発大阪行き急行「六甲」153系電車12連　早川　1961.12.10 撮影：荻原二郎

冬の穏やかな晴天の中、早川駅を通過する下り急行「六甲」。島式1面2線のホームの雰囲気は令和の現在もさほど変わっていない。ホームにいる数人の客は「六甲」が小田原で追い抜いてきた9:46発の327M東京発浜松行きか、反対方向になる9:52発の328M浜松発東京行きを待っているのだろう。和服姿の女性や、駅構内の建屋、ハエ叩きと呼ばれた電柱などが昭和中期の時代を思い出させる。

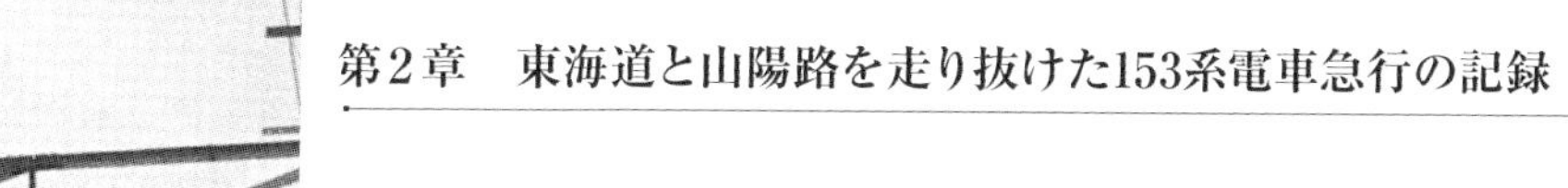

101M 東京発大阪行き急行「六甲」153 系電車 12 連　国府津　1962. 5. 3
撮影：林 嶢

東京発車後 1 時間余りで、相模湾岸の国府津駅に差しかかる下り急行「六甲」。御殿場線が東海道本線の一部だった 1934(昭和 9) 年までは、箱根越えの補助機関車連結もあり、すべての特急と急行が停車した国府津も、丹那トンネル開通後は重要駅としての使命を失い、撮影当時は停車する優等列車は 1 本もなかった。しかし、御殿場線に蒸気列車が運転されている関係もあり、駅ホームには洗面設備が残され、駅弁も販売されるなど、かつての繁栄ぶりが伺える駅でもあった。

101M 東京発大阪行き急行「六甲」153 系電車 12 連　山科〜京都　1964. 9.20　撮影：林 嶢

東京を電車急行の先鋒で 8:30 に発つ下り「六甲」は昼下がりの 15 時過ぎには京都市内に入る。電化前の時代は東京発が同じ時刻でも、京都着は夏場でない限りは日が落ちていたので、画期的なスピードアップだ。下り列車は未電化時代には写真右側の線路を走行していたが、電化後数年を経過してからは中線走行に切り換えられている。本来の下り線が使用休止になっていたのは、鉄道ファンにとっては良いアングルで写真撮影ができるため、何かと都合がよかった。

急行
六甲
ROKKO

102M 大阪発東京行き急行「六甲」153 系電車 12 連　京都　1962. 8.13　撮影：荻原二郎
京都駅で超満員の乗客を詰め込んで発車を待つ上り急行「六甲」。東京行き昼行電車急行の初発で人気が高い上に、旧盆とあって通勤電車並みの混雑である。現在のようにコンピューターが発達していない当時、台帳記入式の切符販売では座席指定の設定は特急や温泉行きの準急だけで筒一杯だった。1960 年代前半の急行 2 等車は全車自由席というのは、国鉄が座席指定券を発売する煩雑さを避けるために行なっている政策ではなかった。

103M　東京発大阪行き急行「いこま」153系電車12連　岐阜　1962. 7.25
撮影：辻阪昭浩

東京を10:00に発車後岐阜駅に到着した上り急行「いこま」。当時の「時刻表」では同駅着15:18、発15:19なので2分ほど遅延しているのは、夏休みシーズンのため途中駅での旅客の乗降に時間がかかったものと思われる。ホームに待つ家族連れが「いこま」に乗る意思がなさそうなのは、15:24発の準急「比叡6号」を待っているからだろう。岐阜〜大阪間の料金は急行が200円なのに対し、準急は100円で済むので、2等車が同じ設備の153系では急ぎでもない限り、旅客は準急を利用した。ホームに居る小学生と思われる子どもたちの服装も現在とは若干異なるようだ。

103M　東京発大阪行き急行「いこま」153系電車12連　新子安　1964.10.4　撮影：荻原二郎

東海道本線というよりは、京浜東北線の駅といった方が馴染みのある新子安を通過する下り急行「いこま」。東海道新幹線開業4日後の撮影だが、満員の車内や周りの風景からは新幹線開業前と変わらない雰囲気である。急行「いこま」は1964年10月1日改正後も列車番号はもとより、運転時刻もほとんど従前と変わらなかったので、新幹線開業とは無縁のような列車だった。

いこま

103M　東京発大阪行き急行「いこま」153系電車12連　二川〜豊橋　1964.10.11　撮影：辻阪昭浩

二川〜豊橋間の跨線橋上から撮影した上り急行「いこま」。東海道新幹線開業直後だが、「いこま」は以前と同一の列車番号と編成で、ダイヤもほとんどそのままで運転されていた。広大な空き地の右側には新幹線の線路があり、この跨線橋からは0系の走行シーンを撮影することも可能だった。東海道新幹線開業から数年の間は、新幹線列車も比較的身近な場所からカメラに収めることができた。

急行
いこま
IKOMA

103M　東京発大阪行き急行「いこま」153系電車12連　新垂井～関ケ原　1964. 2.28
撮影：辻阪昭浩

関ヶ原付近を行く下り急行「いこま」。東海道本線大垣～関ヶ原間の下り線は、垂井経由の在来線と戦時中に開通した新垂井経由の新線との2線があり、下り列車は一部を除き新線を経由する。新線は在来線を北に大きく迂回することにより最急勾配を10‰に抑えているため、同区間の距離は在来線よりも約3km長かった。しかし、下り「いこま」は終点・大阪で307M準急「鷲羽4号」に接続するため、東京～大阪間を他の電車急行より5分速い7時間25分で結んだ。

106M 大阪発東京行き急行「いこま」153系電車12連　京都　1964. 9.20
撮影：林 嶢

京都駅1番線（現・0番線）を発車した上り急行「いこま」。同駅の1番線は改札口からそのまま乗車できることで、1960年までは展望車付きの上り特急も発着するなど、優等列車専用ホームの様相を呈していた。また、2番線との間には中線が2本あるため、鉄道ファンからは列車写真や車両の形式写真の撮影も便利だった。写真撮影日から東海道新幹線開業まであと10日を残すだけだが、この「いこま」は新幹線開業の1964年10月1日改正後も存続した。

106M 大阪発東京行き急行「いこま」153 系電車 12 連　山崎〜神足（現・長岡京）　1962.4.6　撮影：林 嶢

96 ページ下の同列車よりも少し京都方に進んだ地点で撮影した写真で、線路もやや右に緩やかなカーブを描いている。こちらの「いこま」は正面大窓のクハ 153 形 0 番台を先頭とする編成である。東海道急行の上りは名古屋以遠では豊橋・浜松・静岡・沼津・熱海・小田原・横浜・品川・新橋の各駅に全列車が停車するが、蒲郡・清水・三島・湯河原・大船のように「いこま」以外では停まらない列車もあるため、そうした“千鳥停車”の駅へ向かう旅客は予め列車を決めて乗車していた。また、電車急行 6 往復も、原則として同一ネーム列車は上下とも停車駅を同一とし、旅客のサービスに当たっていた。

106M 大阪発東京行き急行「いこま」153 系電車 12 連
山崎〜神足（現・長岡京） 1964. 6.21 撮影：林 嶢

山崎付近を行く上り急行「いこま」。東海道昼行電車急行は 6 往復が揃った時点で、上下とも発車順に「六甲」「やましろ」「いこま」「なにわ」「せっつ」「よど」と異なった列車名が付けられており、すべて京阪神馴染みの地名や、名高い山・川に由来していた。東京に因む列車名が 1 本もなかったのは、優等列車の地名等に因む列車名は下り方のものを採用するという不文律が、国鉄部内に存在したのが理由である。「いこま」の列車名は阪奈府県境の生駒山から命名されたもので、近鉄沿線の山であるため、当初は命名に違和感を覚えた人も少なくなかったといわれる。しかし、列車名が東海道急行に抜擢されたことで、標高 642m の生駒山が全国でも知られることになる。

106M 大阪発東京行き急行「いこま」153系電車12連　山崎～神足（現・長岡京）　1964.6.21　撮影：林 嶢

下の写真後追い撮影。上り急行「いこま」は左側を並走する阪急京都線とともにアーチ状の名神高速道路を潜り、その地点で阪急京都線と少し離れ京都方面に向かう。撮影当時「いこま」など東海道急行用153系は全車両が宮原電車区の所属で、先頭車のクハ153形には写真のような高窓の500番代車と、大窓の0番台車が存在したが、1つの編成では東京方と大阪方とも極力同タイプの車両になるよう配慮がなされていた。

112M　大阪発東京行き急行「第1よど」153系電車12連　京都〜山科　1961.10　撮影：野口昭雄

秋晴れのもと、1961年10月改正で登場したばかりの上り「第1よど」山科の大築堤を行く。数年前なら蒸気列車からあえぎ登った勾配も153系電車は何事もないように軽々と通過する。最後部になるクハ153形500番代のヘッドマークや、貫通路のステンレス製幌枠も青空やバックの山々の緑に映え、東海道本線の電車黄金時代の到来を告げる。線路の先には山科駅ホームが小さく見える。

急行
201
急行
よど
YODO

112M　大阪発東京行き急行「第１よど」153系電車12連　大阪　1961.11.28　撮影：荻原二郎

大阪駅で14:00の発車を待つ上り急行「第１よど」。手前の①号車の空席が目立っているのは13:20に「第１せっつ」、13:50に「比叡３号」が発車した後というのが理由だろうか。当時、東海道本線の優等列車は料金との関係で利用客の棲み分けができており、大阪から名古屋までの旅客は準急「比叡」、岡崎以遠への旅客は急行を利用していた。したがって帰省シーズンなどの繁忙期は大阪で座席を確保できないと、岡崎や蒲郡までデッキや通路で立たなければならなかった。

111M 東京発大阪行き急行「第 1 よど」153 系電車 12 連　静岡　1961.11.15
撮影：辻阪昭浩

静岡駅停車中の下り「第 1 よど」。大阪行き昼行電車急行のしんがりを任された列車だけに静岡発時刻も 16:41 で、この季節では辺りはかなり暗く、駅ホームにはすでに蛍光灯がともっている。ここで乗務員の交代が行われ、終点大阪の到着となると 21:30 である。新幹線建設工事もまだ始まっていない静岡は地平駅で、駅構内には機関区もあり、入換用の C50 形 8 両が配置されていた。写真右手のヤードにはホッパ車の姿が見える。

109M　東京発大阪行き急行「よど」153系電車12連　東田子の浦
1962. 8.17　撮影：辻阪昭浩

富士山がきれいに見える畑の中の小駅、といった感じの東田子の浦を通過する下り急行「よど」。真夏で旧盆とあって、開閉可能な窓の大部分が開放され、車内は満員の旅客でさぞ暑苦しいことと思われる。「よど」は1961年10月1日の登場時には、同名の夜行急行が設定されていたことで昼行は「第1よど」を名乗っていたが、1962年6月10日の広島電化で、東京〜広島間夜行が「第2宮島」に改称されたため、昼行の号数番号はわずか8ヶ月余りで外された。

110M 大阪発東京行き急行「よど」153系電車12連 関ヶ原〜垂井 1964.2.28 撮影：辻阪昭浩

東海道本線・西の撮影名所の1つである関ヶ原付近を行く上り急行「よど」。関が原駅を通過した上り「よど」は単線形態の上り線をしばらく走行し、この少し先で新垂井からの下り線(132ページ(上)、「いこま」の写真を参照)をアンダークロス。その後「垂井支線」と呼ばれた電車専用の下り線(元来からの東海道下り線)と合流し、複線の形態で垂井に向かう。この撮影地点は長大編成を俯瞰できるので、機関車牽引の列車が多数運転されていた1961年10月改正前から、ファンの間で人気があった。

よど

110M 大阪発東京行き急行「よど」153 系電車 12 連　京都〜山科　1964. 9.20　撮影：林 嶢

110M 下り急行「よど」の後追い写真。当時の京都〜山科間は 3 線であっても実際には複線扱いで、本来の下り線は使用休止状態になっていたので、線路の真ん中で撮影しても危険を伴うことがなかった。山科駅は雄大な築堤の先にあり、画面には入らないが、遠来のファンは駅からこの地点まで歩くか、京阪京津線電車の御陵で下車して築堤を登るかして、苦心しながらもたどり着いていたものである。

112M　大阪発東京行き急行「第 1 よど」153 系電車 12 連　山崎～神足（現・長岡京）1962. 4. 9　撮影：林 嶢

阪急京都線との並走区間を行く上り急行「第 1 よど」。1930 年代前半に繰り広げられた“超特急”と謳われた C53 牽引の「つばめ」と、京阪電鉄新京阪線の「P6」ことデイ 100 形の電車特急との競走が伝説になっている場所でもある。「よど」は 1961 年 10 月 1 日改正で新設された列車で、東海道昼行電車急行 6 往復の中では上下とも大阪・東京を最も遅い 14:00 に発車するので、乗車駅付近での時間を長く使えることで、利用客から人気があった。

よど

109M 東京発大阪行き急行「よど」153 系電車 12 連　浜松町　1963. 6.14　撮影：荻原二郎

国電駅の浜松町を通過する下り「よど」。東京を発車したばかりで大阪までの所要 7 時間 30 分は、当時としては電車急行であっても“客車特急並み”の驚異的なスピードだが、長時間乗車には変わりなかった。それでも東海道電車特急には起終点間を通して乗車する客も多く、当時では昼行 7・8 時間の移動などは常識だった。浜松町駅 4 番線に停車するのは 72 系の蒲田行き。東京の国電も中央線にオレンジ色、山手線にカナリヤ色の 101 系が新性能電車として入っているだけで、京浜東北線はすべて 72 系を主体とする旧型電車だった。

急行
よど

110M 大阪発東京行き急行「よど」153 系電車 12 連　京都〜山科　1964. 9.20　撮影：林 嶢

64 〜 65 ページの「第 1 せっつ」の 30 分後を追うように上り「よど」が山科の大カーブを通過する。「第 1 せっつ」とは先頭車が同じクハ 153―500 番代で組成内容も同じなので、違いはヘッドマークだけである。しかし、昼行の東京行き電車急行が 6 本とも別愛称というのは、利用客にとっては電報が打つのに便利だし、撮影するファンにとっても楽しかった。仮に全列車が同じネームなら金太郎飴と同じで、11 日後に登場する新幹線電車のように、すぐに飽きがきてしまうところである。

よど

宮島

153系、151系、159系電車ほか　田町電車区　1963. 6.21　撮影：林 嶢

田町電車区に憩う写真左から急行「宮島」用153系、特急「おおとり」用151系、修学旅行電車「こまどり」用159系の並び。それ以外に「宮島」の左側に151系、「こまどり」の右側には伊豆準急用153系と特急「ひびき」用157系の姿が見え、何とも華やかな電車群である。これらの車両のうち「宮島」用153系は大阪鉄道管理局の宮原電車区、「こまどり」用159系は名古屋鉄道管理局の大垣電車区の所属である。東海道沿線各区の長距離用車両が大都市の基地に集結するところが、全国規模の国鉄ならではの醍醐味だった。

EF 60 501

広島発東京行き急行「宮島」EF60 501 ＋オヤ35 ＋ 153 系電車 12 連　広島　1964. 7.13　撮影：荻原二郎

東海道電車急行のうち山陽本線広島までロングランする「宮島」２往復は、「セノハチ」と呼ばれる瀬野から八本松までの22.5‰の連続勾配を 153 系の出力では自力で越えることが困難なため、補助機関車として EF60 や EF61 の助けを借りた。しかし、電気機関車と 153 系電車とでは連結器が異なるため、アダプターの役割を果たす控車として二重屋根客車スロハフ 30 改造のオヤ 35 を電車と機関車間に連結した。写真は後押しの EF60 501 を連結して広島駅で発車を待つ急行「宮島」。ちなみに EF60 500 番代は東京～九州間特急を広島まで牽引した後、間合い運用で補助機関車に使用されていた。

急行
2101
急行
宮島
MIYAJIMA

2101M 東京発広島行き急行「第 1 宮島」153 系電車 12 連　新垂井　1964. 2.28　撮影：辻阪昭浩

東海道本線の大垣〜垂井〜関ヶ原間は下り列車に対し最大 25‰の上り勾配があるため、戦時中の 1944(昭和 19) 年 10 月 11 日に北側に迂回し、勾配を 10‰に抑える下り専用の新線が建設される。そして中間には新垂井駅が設けられた。したがって新垂井は下り列車だけが発着するという全国でも珍しい駅となる。この新垂井は長距離列車や貨物列車が通過する本線と、普通列車が停車する待避線の 2 線を有するが、ホームは待避線側の 1 面だけだった。写真はその新垂井に停車する 80 系の名古屋発京都行き普通 455M を上り急行「第 1 宮島」が追い抜くシーンである。しかし、新垂井は岐阜県垂井町の中心部から離れた位置にあって利用が不便なことや、戦時中に廃止された大垣〜垂井〜関ヶ原間の下り線も戦後復活し、区間列車が運転されるようになったため、国鉄末期の 1986 年 11 月 1 日に廃止されてしまった。

2101M 東京発広島行き急行「第 1 宮島」153 系電車 12 連　保土ヶ谷～戸塚　1963. 2.18　撮影：林 嶢

冬の淡い陽光が差す中、山岳地帯を思わせるような保土ヶ谷～戸塚間を行く下り急行「第 1 宮島」。終点広島に到着するのは 12 時間後の 22:10 である。山陽本線広島電化で東海道内が夜行運転になる「第 2 宮島」が設定されたことで、同じ区間を行く急行「安芸」は 1962 年 10 月 1 日に寝台列車化された。写真左に見える複線の線路は東海道貨物線である。

急行
急行
宮島
MIYAJIMA

2101M 東京発広島行き急行「第1宮島」153系電車12連　小田原　1964. 8.23　撮影：荻原二郎

雨上がりの小田原駅を10:38に発車する下り「第1宮島」。写真左手に小田原城が見える。同一ホームの左側に停車するのは、10:25に到着した東京発小田原行き普通825Mで、111系での編成。東海道本線東京口普通列車用電車も、湘南形80系から新性能車の111・113系への置換えが進んでいる。

急行
410
急行
宮島
MIYAJIMA

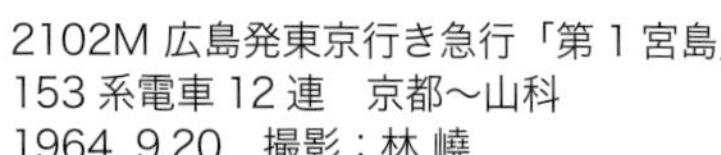
2102M 広島発東京行き急行「第１宮島」
153系電車12連　京都〜山科
1964. 9.20　撮影：林 嶢

上り急行「第１宮島」の後部写真。1962年6月10日以来、東京〜広島間のロングラン急行として活躍を続けてきた２往復の「宮島」は、11日後の1964年10月1日改正からは大阪(上り１本は新大阪)〜広島間２往復の運転となり、この区間から姿を消す。列車右手に撮影に来ているファン？の姿が見えるが、当時はこうした高頻度運転の幹線区間でも国鉄側は黙認、撮影者側は自己責任という形で立ち入りが許されていた。また、右手の線路上にバッグらしきものが置かれているところを見れば、本来の下り線は使用休止されているのだろう。

2102M 広島発東京行き急行「第１宮島」153 系電車 12 連　京都〜山科
1964. 9.20　撮影：林 嶢

京都〜山科間の３線区間を行く上り急行「第１宮島」。この区間は上り列車に対し 10‰の勾配になっており、戦時中の輸送力増強策として、上り線が２線に増設された。しかし、1956 年 11 月の電化後は電気機関車牽引になりスピードが向上して使用されることが少なくなったので、撮影当時は、上り外側線を上り列車用、上り内側線だった中線を貨物列車の進行方向で分かるように下り線に転用し、実際には複線の状態で使用されていた。

403T 名古屋発大阪行き準急「比叡２号」153 系電車 10 連　吹田〜東淀川　1959. 7.27　撮影：荻原二郎

名阪準急「比叡」は車両落成との関係もあり、「東海」より約半年遅れの 1959 年 4 月から 6 月にかけ、80 系から 153 系に置換えられる。91 系が 153 系に形式改称されたのが 1959 年 6 月 1 日なので、「比叡」には短期間ながら新旧の形式が在籍したわけである。「東海」は 153 系化当時ヘッドマークなしで運転されたが、「比叡」は大阪鉄道管理局がヘッドマークに熱心だったこともあり、153 系置換え時から写真のような円板とウイングを組み合わせた秀逸なマークを付けていた。ただし、編成は 2 等車 (のち 1 等車を経てグリーン車) が 1 両だけの 10 両だった。

408M 大阪発名古屋行き準急「比叡３号」 153系電車10連　大垣　1962. 8.13　撮影：荻原二郎

大垣駅に進入する上り名古屋行き準急「比叡３号」。写真からは通過列車のように見えるが、写真のホームはこの少し後方で切れ欠き構造になっているため、「比叡」は停車する。当時「比叡」に限らず優等列車の運転士は２人乗務が原則だった。旧盆のため列車の窓はすべて開けられているが、急行や準急は一部の車種を除き非冷房なので、真夏の旅行は今にして思うと大変だった。大垣駅は付近で石灰石を産出することもあり、駅構内には多数の貨車が留置されていた。

408M 大阪発名古屋行き準急「比叡３号」 153系電車10連　大垣　1962. 8.13　撮影：荻原二郎

50717

411M　名古屋発大阪行き準急「比叡５号」165・153系電車12連　大垣～新垂井　1964. 2.28　撮影：辻阪昭浩

のどかな田園風景が広がる新垂井付近を行く下り準急「比叡５号」。東海道本線に単線区間は馴染まないが、この新垂井経由の大垣～関ヶ原間は、実際には線路が離れた位置にある複線区間の下り線といえよう。鉄道が見かけほどに力のない蒸気機関車に頼っていた時代は、輸送力確保のために勾配を緩和することは必須の課題だったのである。

709
比叡

153系電車ほか　向日町運転所　1965.10.11　撮影：辻阪昭浩

東海道新幹線開業の1964年10月には8往復の本数を守った準急「比叡」も、翌1965年10月1日改正では4往復に削減されるものの、すべてサロ・サハシ各2両付きの153系急行用編成に置き換えられ、ヘッドマークもそれに準じたものに“グレードアップ”される。しかし、この措置も実際には東海道本線急行の運用が減少した153系の余剰対策といえ、ビュフェの営業も⑦号車だけで、それも軽食コーナーだけが営業していた。153系の隣には関西〜山陽間特急に転身した151姿が見える。

413M　名古屋発大阪行き準急「比叡６号」165・153系電車12連
新垂井～関ケ原　1964. 2.28　撮影：辻阪昭浩

92ページの急行「いこま」と同じ地点を行く下り準急「比叡６号」。「比叡」は80系時代からサロ１両込みの10両編成で運転されていたが、輸送力増強のため、1963年10月からは大阪方にクモハ165＋モハ164のユニットを連結し、12両に増強された。「比叡」の⑦～⑩号車がオーバークロスする鉄橋下には上り線が敷かれており、この後関ヶ原駅で上下線に合流する。

404M 大阪発名古屋行き急行「比叡２号」 153系電車10連　京都　1969.10.22　撮影：寺本光照

京都駅を発車する上り急行「比叡２号」。93ページと同じ位置での撮影だが、列車からサロとサハシがそれぞれ１両減車された以外、駅の雰囲気も５年ほど前とさほど変わらない。唯一異なるのは新幹線開業直前の「いこま」と、本数が最盛期に対し４往復に削減されている「比叡」との利用客数の違いだけか。「比叡」のビュフェは1970年９月末まで営業された。

上り準急「比叡」165・153 系電車 12 連　京都〜山科　1964. 9. 5　撮影：辻阪昭浩

山科大カーブを行く上り準急「比叡」を少し高い位置から撮影した写真。12 両の列車は 1 等車が非リクライニングのサロ 153 形 1 両だけのエコノミー指向の編成だが、サロ 153 の淡緑色の帯が編成全体を引き締めている。写真 2 両目のモハ 164 ―500 番代は、列車によっては途中駅での分割・併合があるため、3・4 位側出入り台に簡易運転台を持ち、その関係で 2 カ所の客用扉は両端にあるのが特徴だった。

404M 大阪発名古屋行き急行「比叡２号」 153系電車10連　石山〜瀬田　1970.1.28　撮影：寺本光照

瀬田川橋梁を行く上り急行「比叡２号」。手前の最後尾車（①号車）はクハ165だが、電動車形式はモハ152＋モハ153なので、列車全体としては153系といえよう。その153系の一部にも冷房改造車が入ってきているが、東海道新幹線に押されてか、「比叡」の乗車率の低さが写真を見ただけでも分かるのは、何とも淋しい。手前には瀬田川観光の屋形船が係留されている姿が見える。こちらも季節柄お役御免といったところか。

㊧　401T　名古屋発大阪行き準急「比叡１号」153 系電車 10 連
㊨　403T　名古屋発大阪行き準急「第１伊吹」 153 系電車 12 連　大阪　1961. 8.14　撮影：大津　宏

大阪駅４・５番線に相次いで到着した上り「比叡１号」(名古屋発 7:30 →大阪着 10:12) と「第１伊吹」(名古屋発 8:00 →大阪着 10:25)。双方とも大阪へのビジネス向け時間帯を走る準急で、到達時分や組成内容からは「伊吹」の方が上位列車だが、旅客には双方の列車とも利用が可能な選好権が保証されている。同じ準急でも運用との関係でヘッドマークが異なるが、「比叡」の可変式ヘッドマークは 1959 年９月から 1961 年９月末まで見られた文字板部分が台形のものである。つまり、「比叡」のヘッドマークは時期との関係もあるが、本書だけでも４種類が見られ、趣味的に楽しい。

準急
111
伊吹

403T　名古屋発大阪行き準急「第1伊吹」　153系電車12連　大阪　1961. 8.14　撮影：大津 宏

大阪駅到着後、宮原電車区へ回送される上り準急「第1伊吹」。「伊吹」は名古屋～大阪間の準急群を形成する「比叡」の一員だが、うちビジネス向けの時間帯を走る2往復は全車座席指定のため、列車名も区別のため「伊吹」を名乗っていた。このうち下り「第2伊吹」と写真の上り「第1伊吹」は、1961年3月から「なにわ」などと共通運用されたため、サロ152とサハシ153連結の急行編成が充てられた。しかし、準急とはいえ、上り「第1伊吹」は起終点間を途中尾張一宮・岐阜・大津・京都の4駅停車の2時間25分で結び、上り急行「なにわ」の2時間38分よりも速く、車両面ともども特別準急的存在だった。

準急
111T
伊吹

301M 新大阪発下関行き急行「ながと1号」153系電車10連　三石〜吉永　1972. 2.22　撮影：寺本光照

三石駅付近の耐火煉瓦工場群を眺めながら走る下り急行「ながと1号」。山陽区間では利用客の少ないサロ152とサハシ153が1両ずつ減らされたが、10両編成でこの両形式が並ぶだけで急行編成に重みを増す。新大阪〜下関間の距離は東京〜大阪間と大差ないが、「ながと1号」は8時間41分を要していたので、153系も東海道時代に比べると鈍足だった。

ながと

302M　下関発新大阪行き急行「ながと1号」153系電車10連　瀬野〜八本松　1972. 2.24　撮影：寺本光照

セノハチを行く上り急行「ながと1号」。編成が12〜11両の「関門」時代は116〜117ページ(EF60 501)のように、後部にオヤ35とEF60(またはEF61)の力を借りて連続急勾配に挑んでいたが、編成が短くなった分電動車比率が高くなり、自力走行ができるようになったのは皮肉だった。1972年3月15日改正が近づいているせいか、ヘッドマークの取付けは省略されている。

301M 新大阪発下関行き急行「ながと１号」153系電車10連　大阪　1969. 5.31　撮影：寺本光照

1968年10月1日改正で、それまでの新大阪 / 大阪〜下関間急行「関門」2往復は、列車名を「ながと」に改め同区間で存続する。関西の利用客からは馴染んできた「関門」のネームが、なぜ改称されるのか合点がいかなかったが、編成が「関門」時代の12両 (1968年6月からサハシ153・1両減の11両) から10両に減車された分、急行の価値も軽くなったような感じだった。写真の大阪駅ホームの様子は、JR化後の2004年に橋上駅舎新設を含む改修工事が開始されるまでは変わらなかった。

303M 大阪発下関行き急行「第２関門」153 系電車 12 連　大阪　1965.12.26　撮影：寺本光照

東海道新幹線開業に合わせるように、全線電化が完成した山陽本線に 1964 年 10 月 1 日改正で、登場したのが「関門」である。当時の 153 系ビュフェ車付き編成は東京～大阪間急行でも運転されていたので、「関門」は共通運用で 2 両のビュフェ車のうち⑦号車では寿司コーナーの営業も行なわれていた。写真撮影当時の「関門」は東海道急行同様の 12 両だが、1968 年の組成変更で 6 月からサハシ 1 両減の 11 両、さらに 9 月からはサロ 1 両減の 10 両となり、ヨンサントオこと 1968 年 10 月改正の「ながと」に引き継がれる。

回 306M (広島発新大阪行き急行「宮島」)153 系［手前はクハ 165］電車 10 連　山崎～神足（現・長岡京）1970.8.16
撮影：寺本光照

1964 年 10 月の東海道新幹線開業で、東京通いにピリオドを打った「宮島」は、同改正からは元のように関西と広島を結ぶ列車に戻る。1968 年 10 月改正で編成が 10 両に減車されたのは「関門」→「ながと」と同じ理由である。写真は新大阪到着後向日町運転所への回送列車。手前の①号車はクハ 165 だが、これは当時の宮原電車区では先頭車はクハ 153 とクハ 165 が共通で使用されていたのが理由である。

203M 新大阪発下関行き急行「第 2 つくし」153 系電車 12 連　熊山　1965.10. 8　撮影：辻阪昭浩

東海道新幹線開業 1 年後の 1965 年 10 月 1 日改正では、475 系投入により関西〜山陽・九州間急行の電車化と増発実施される。しかし、本来なら新大阪〜博多間列車となるべき 203M・204M「第 2―第 1 つくし」は 475 系電車の落成が遅れたため、12 月 24 日までは 153 系での運転で下関止まりとされた。写真は熊山を通過する下り急行「第 2 つくし」で、153 系の可変式ヘッドマークには「つくし」の表記はないため、三条線の消去マークでの運転である。

1412M　下関発広島行き急行「山陽 6 号」153 系電車 10 連　下松～光　1974. 8.21　撮影：寺本光照

瀬戸内海沿いの下松～光間を行く上り急行「山陽 6 号」。複線区間であるものの 1 本の電柱で架線を支えているため、写真撮影がしやすい区間でもあった。岡山～広島 / 下関間運転が定番の「山陽」にとって、広島以西完結の列車は当時でも上り 2 本だけの設定だったが、これは 1972 年 3 月まで広島～下関間急行として運転されていた「やしろ」の名残である。10 両編成中唯一非冷房で残されたサハシ 153 の座席部分の窓が開いているところに、夏休み期間とはいえ乗車率の高さが伺える。

山陽

310M 下関発岡山行き急行「山陽５号」153系電車10連 河内〜本郷 1974. 8.18 撮影：寺本光照

河内〜本郷間をゆく上り急行「山陽５号」。ダイヤ改正前後でもないのに、なぜかヘッドマークの取付けは省略されていた。後方でオーバークロスするのは、建設中の山陽新幹線。1962年７月の「宮島」以来山陽本線で活躍を続けてきたサハシ153付の153系急行にとっては、引導を渡される日は現実のものになろうとしている。

急行
310M

414M　下関発岡山行き急行「山陽２号」153 系電車 10 連　瀬野〜八本松　1972. 2.24　撮影：寺本光照

撮影年月日における下り急行「山陽２号」は、165 系電車７連が所定編成だったが、1972 年 3 月 15 日改正に備え 153 系の 10 連に置き換えられていた。しかし､宮原電車区の 153 系可変式ヘッドマークには「山陽」の表示がないため、三条線の消去マークでの運転だった。編成中の普通車は指定席になる後方の車両が冷房改造されている。

9310M 〜 310M　下関発岡山行き急行「山陽５号」153 系電車 10 連　広島　1973. 1. 6　撮影：寺本光照

通常は広島〜岡山間急行だが、年末・年始輸送のため下関始発で運転された上り急行「山陽５号」。1969 年度から急行用普通車は冷房化の方針となったため、この「山陽」も冷房化が進んでいるが、⑤〜⑦号車は山陽新幹線博多開業後の需給を考慮してか、未改造のままである。冷房車が必要な季節ではないが、同時期の京阪神新快速が同じ 153 系でも全車冷房装備車なので、急行の設備としてはサービス面で問題が残った。

9310M～310M　下関発岡山行き急行「山陽５号」153系電車10連　広島　1973. 1. 6　撮影：寺本光照

上り急行「山陽５号」の⑤号車に連結されたビュフェ付き普通車のサハシ153形。同形式のビュフェ部分の外観は山側と海側とでは異なっており、写真は調理室のある海側からのもので、窓は必要最小限の２ヵ所だけである。写真のサハシ153―11は冷房化されることなく、1975年３月に乗務員訓練車のクヤ153―1に改造された。

303M　岡山発下関行き急行「山陽２号」153系電車10連　光〜下松　1974. 8.21　撮影：寺本光照

未電化時代からの山陽本線西部の撮影名所を行く下り急行「山陽２号」。オレンジ色に塗り潰したクハ153の正面のヘッドマークは、広島鉄道管理局独自のウイング部分がない六角形の可変式であっても、やはり急行列車にはよく似合う。1972年３月改正以来“開かずのビュフェ”となっているサハシ153にとって、本線上を走る最後の夏もいよいよ終わろうとしている。

急行
山陽

414M 呉発岡山行き急行「安芸２号」153 系電車 10 連　岡山　1974. 1. 4　撮影：寺本光照

呉線経由の上り急行「安芸２号」が 15:47 に終点岡山に到着後、16:21 に山陽本線経由の広島行き「山陽４号」となって折り返す。ホームとは反対側になる線路寄りの客用扉が全開なのは、窓上の行先表示板や列車名札（サボ）を取り替える作業をするためである。職員にとっては転落の危険性があるうえ、雨や雪が降る日などの作業は大変だった。

【著者プロフィール】

寺本 光照（てらもと みつてる）

昭和25（1950）年1月22日、大阪府八尾市に生まれる。甲南大学法学部卒業。鉄道友の会会員。小学校教諭・放課後クラブ指導員・高齢者大学校講師を経て、現在はフリーの鉄道研究家・鉄道作家として著述活動に専念。鉄道友の会会員(阪神支部監事)。幼少期より鉄道に興味を持ち、高校生の頃から鉄道情報誌への投稿を行うようになる。国鉄～ JR、関西私鉄の車両・列車・鉄道施設についての紹介記事のほか、写真・紀行文・評論文など多彩な著作活動を続ける。知識・表現力・写真の3分野でバランスの取れた著述家に近づくことを生涯の目標としている。

主な著書に『これでいいのか、夜行列車』（中央書院、1991年）、『これでいいのか、急行・快速』（中央書院、1992年）、『国鉄・JR列車名大事典』（中央書院、2001年）、『JR特急の四半世紀』（イカロス出版、2012年）、『列車名の謎』（イースト・プレス、2016年）『こんなに面白い！近鉄電車100年』（交通新聞社、2019年）など。共著には『決定版近鉄特急』（JRR、1985年）、『時刻表に見る<国鉄・JR>列車編成史』（JTBパブリッシング、2011年）、『国鉄旅客列車の記録【客車列車編】』『同【電車・気動車列車編】』（ともにフォト・パブリッシング、2021年）などがある。

【写真提供】

大津 宏、荻原二郎、辻阪昭浩、野口昭雄、林 嶢

国鉄優等列車列伝 第2巻 153系電車が走った東海道電車急行

2021年12月27日　第1刷発行

著　者　寺本 光照
発行人　高山 和彦
発行所　株式会社フォト・パブリッシング
〒161-0032　東京都新宿区中落合2-12-26
TEL.03-6914-0121　FAX.03-5955-8101
発売元　株式会社メディアパル（共同出版者・流通責任者）
〒162-8710　東京都新宿区東五軒町6-24
TEL.03-5261-1171　FAX.03-3235-4645
デザイン・DTP　古林茂春（STUDIO ESPACE）
印刷所　株式会社シナノパブリッシングプレス

ISBN978-4-8021-3289-3 C0026